괜히
애쓰고
살았다

괜히 애쓰고 살았다

발행일	2020년 9월 30일
지은이	신 지 후
펴낸이	신 용 수
펴낸곳	위몽(爲夢)　　　　　출판신고　2018. 04. 11(제406-251002018000025호)
주소	(10891) 경기도 파주시 심학산로 385 (목동동, 산내마을10단지 운정센트럴 푸르지오)
전화	010-3562-1574　　　　팩스　02-6455-3372
이메일	with_mongwoo@naver.com
홈페이지	https://blog.naver.com/bulhwi74

ⓒ 위몽(爲夢)

ISBN　979-11-963760-2-4 03180 (종이책)　　979-11-963760-3-1 05180 (전자책)

이 책의 국립중앙도서관 출판예정도서목록(CIP)은 서지정보유통지원시스템 홈페이지(http://seoji.nl.go.kr)와
국가자료공동목록시스템(http://www.nl.go.kr/kolisnet)에서 이용하실 수 있습니다.
(CIP제어번호: CIP2020038161)

모두 다, 운(運)발인 것을

괜히
애쓰고
살았다

신지후 **지음**
류보곤 **감수**

성공은 재능과 운으로 결정된다.

- 대니얼 카너먼, 2002년 노벨 경제학상을 받은 심리학자이자 경제학자

위에 언급한 내용은 맞는 것일까? 아니면 틀린 것일까? 맞는다면 어떤 부분이 맞는 것일까? 성공은 재능만으로 가능할까? 아니면 운이 성공의 전부일까? 성공은 재능과 노력의 산물이라 생각한다면 당신은 언젠가 또 한 번의 뼈저린 실패를 맛볼 것이다. 재능은 밥은 먹고 살게 해주지만 큰 부는 가져다주지 못한다. 하여 예부터 작은 부자는 부지런함에서 나오고, 큰 부자는 하늘이 만든다고 했던 것이다.

사주에서 운이란 내 재능과 노력 이상의 것을 말한다. 월봉 500만 원을 받던 사람이 700만 원을 받게 되면 노력의 결과다. 하지만 1,000만 원을 받게 되면 실력인 것 같기도 하고, 운이 좋아서인 것 같기도 하고 고개를 갸우뚱하게 된다. 하지만 1,000만 원을 넘어 2,000만~3,000만 원 이상의 월봉을 받기 시작하면 그 누구도 "운이 좋았어"라는 말에

이견을 제시하진 않을 것이다. 이것은 그야말로 실력의 테두리를 벗어난 것이기 때문이다.

다시 말해 운이란 내 재능 이상의 것이 들어왔을 때를 말한다. 따라서 남들이 부러워할 만한 성공의 대부분은 운이 전부라고 해도 과언이 아니다. 이렇게 말하면 어떤 이는 '실력이 쌓이고 쌓인 결과가 아니냐?'라며 반문하겠지만, 만약 이 반박이 사실이 되려면 한 번의 성공을 이룬 후에는 절대 실패하는 일이 없어야 한다. 왜냐하면 재능에 경험치까지 더해졌으니 말이다.

하지만 현실은 어떤가? 흥했다가 망하고, 망했다가 흥하고를 반복하기도 한다. 망하기만 하는 경우도 없거니와, 흥하기만 하는 경우도 없다. 계절처럼 순환한다. 모르는 업종에 손을 대서 망하는 것이 아니라 그냥 운이 없어 망한 것이다. 아는 업종이라 성공한 것이 아니고 운이 들어 왔기 때문에 성공한 것이다. 알고 모르고, 재능이 있고 없고의 문제가 아니라 운의 여부다.

2006년 대전에서 사업을 크게 하다 쫄딱 망하고 서울로 온 한 사업가분이 있다. 재기를 위해 10여 년을 궂은일 마다하지 않고 고생하며 일했지만 좀처럼 살림은 나아지질 않

있다. 그러던 2016년 3월 어느 날 누군가 우연히 알려준 비트코인에 투자하게 된다. 가진 돈을 탈탈 털어 그 당시 30만 원대였던 비트코인을 매수했다.

그런 이분의 행동을 보고 주변에서는 미치지 않고서야 어떻게 저런 말 같지도 않은 것에 투자할 수 있느냐며 비아냥거렸다. 하지만 2년이 채 안 된 시점에 이분의 수익을 보고 모두 경악을 금치 못하게 된다. 2018년 1월 비트코인이 고점이던 2,400만 원대에 매도해 100억 원 가까운 수익을 챙겼기 때문이다. 이분의 매도 후 비트코인 시세는 300만 원대까지 폭락했다가 지금은 1,300만 원대의 가격을 형성하고 있다.

자, 이제 다시 한번 이분의 운을 들여다보도록 하겠다. 이분은 재능과 영업력이 좋았지만 10여 년 동안 운이 받쳐주지 않았기 때문에 온갖 고생을 했다. 하지만 10년마다 바뀌는 운인 대운에 비트코인을 알게 됐고 여기에 투자해 100억 원 가까운 수익을 보게 된 것이다. 그동안 열심히 사신 것을 부정하고 싶진 않지만 돈을 번 결정적인 계기는 비트코인에 투자했기 때문이다.

"어떻게 남들이 거들떠보지 않던 비트코인에 투자했었

냐?" 하고 물었던 적이 있다. 이분이 말씀하길, "우연히 TV 채널을 돌리다 다큐 프로그램 같은 것을 하길래 뭔가 싶어 봤지. 방송에서 비트코인이 화폐를 대체한다는 얘길 하는 거야. 그래서 TV 시청 후 비트코인에 대해 검색해 보니까 그 당시엔 지금처럼 좋다 나쁘다는 이야기조차 많이 없었어. 그만큼 대중적으로 알려지지 않은 내용이었던 거지. 그런데 몇 개 안 되는 내용을 보면서도 난 이게 신용카드 같은 느낌이 딱 드는 거야. 솔직히 신용카드 처음 나왔을 때 처음엔 누가 저런 걸 쓸까 싶었는데 지금은 현금 보는 게 더 어렵잖아. 그런 것처럼 비트코인이 딱 그럴 것 같았어. 그래서 에라 모르겠다 하는 생각으로 있는 돈, 없는 돈 투자한 거지"라는 것이다.

여기서 이분의 실력은 무엇인가? 미래를 제대로 예측한 능력인가? 아니면 머뭇거리지 않고 과감하게 투자를 결심한 결단력이 성공의 비결인가? 내가 아는 이분은 원래 이렇다. 본인이 하는 일에 언제나 성실했고 이거다 싶을 때는 머뭇거리지 않고, 지인을 통해서라도 돈을 빌려 투자를 했던 사람이다. 그렇다면 왜 그동안 실패를 거듭하다 우연히 본 비트코인 투자로는 성공했을까?

이건 누가 뭐래도 그냥 운이다. 운이 없을 때는 본인이 잘

하는 일을 해도, 최선의 노력을 다해도 근근이 먹고 살지만 운이 들어오면 뭘 해도 돈을 번다. 돈이 안개처럼 들어온다. 방향 가리지 않고 사방에서 들어온다. 더 웃긴 건 참 쉽게 번다는 것이다.

그럼 이분은 평소 일확천금만 노리는 사람이었던가? 그렇지 않다. 성실하고 부지런한 사람이다. 어떤 일이든 최선을 다하는 사람이다. 그런데 한 번의 큰 성공 후에 맞이한 실패로 인해 고생을 많이 했다. 10여 년 전 사업을 했을 때는 운이 크게 작용했기 때문에 기사 딸린 차를 타고 다녔던 것이고, 이후엔 운이 꺾여 월세를 전전하는 신세로 전락한 것이다. 그리고 대운에 우연히 알게 된 비트코인에 투자해서 다시 크게 돈을 벌게 된다.

사주 상 운이 들어오면 돈을 벌기 위해 평소 하지 않던 행동을 하게 된다. 늦게까지 자던 사람이 일찍 일어나고, 놀기만 하던 사람이 공부를 시작하고, 먹기만 하던 사람이 운동을 시작한다. 운이 꺾이면 반대로 나타난다. 하던 것을 멈춘다.

평소 투자하지 않던 사람이 생뚱맞게 투자를 하게 된 것은 운이 작용해 돈을 벌어야 할 일을 자신도 모르게 하기 때문이다. 스스로가 투자한 것이라 믿고 싶겠지만, 운이 작용하면 그게 무엇이든 돈을 벌 행동을 하게 되는 것이다. 달리 말해 내가 돈을 벌어야지 다짐을 해서 투자한 것이 아니고, 운에 재물이 들어왔기에 돈을 벌 수 있는 투자를 감행하게 되는 것이다. 스스로 내 의지대로 한 것이라 말하고 싶겠지만, 그 말이 맞으려면 왜 이전에는 그런 과감함이 없었냐는 것이다. 이제 이 부분이 이해되는가? 이것을 이해하지 못한다면 사주팔자를 논할 수 없다.

100억 원은 매우 큰돈이다. 이 정도 돈이면 55세인 그분이 평생 쓰고도 남을 돈이다. 그런데 이 돈이 불과 1년 후 모두 사라졌다. 정말이지 미치고 환장할 노릇이다. 쉽게 번 돈은 쉽게 나간다고 생각할 것이다. 그렇게 믿고 싶을 것이다. 하지만 그것은 단지 운이 꺾인 것뿐이다. 운이란 이처럼 계속 좋기만 한 것도 아니고, 계속 나쁘기만 한 것도 아닌 것이다. 왕년에 사업을 했던 분이기에 은행 이자만 받고 살 사람이 못 됐다. 그래서 한 회사에 투자했다. 비록 주식시장에 상장은 안 됐지만 미디어에 등장하는 잘나가는 회사였기에 막연하게 안정적이라 생각했을 뿐이다.

2018년 3월경 투자한 이 돈이 2019년 5월 1년이 지난 시점에 전액 사라진다. 어이가 없는 일이다. 어떻게 이렇게 짧은 시간에 모든 돈이 사라질 수 있나 싶겠지만 들어올 때처럼 나갈 때도 순식간이다. 운이란 그렇다. 3년이란 짧은 시간에 천당과 지옥을 모두 경험하게 된다. 그때 이분의 사주를 들고 류보곤 선생님을 찾았다. 이분 사주를 보시더니 2020년 6월이 지나면서 또다시 돈이 들어올 운세란다. 그것도 기존에 벌었던 돈 이상으로 들어올 것이란다. 2019년 밑바닥을 뚫고 지하까지 내려갔는데 다시 이전보다 잘 된다고 하니 솔직히 믿기진 않았다. 밑바닥까지 보일 만큼 망했는데 어떻게 또다시 돈이 들어오나 싶었다.

사주에는 무엇으로 돈을 번다는 말까지는 나오지 않는다. 하지만 돈을 번다, 안 번다는 명확하게 나온다. 쫄딱 망한 상황에서는 찬밥, 더운밥 가릴 상황이 아니었을 것이다. 이번에 망하면 죽으리라는 심정으로 급전까지 써가며 10억원 가까운 돈을 빌린다. 참으로 신기한 게 운이 없으면 있던 돈도 나가지만 또 운이 들어오면 모르는 사람도 돈을 빌려준다.

그렇게 빌린 돈으로 본인에게 큰 부를 안겨주었던 코인에 다시 한번 투자를 한다. 이번에는 비트코인이 아닌 알트코인 중 하나를 선택했다. 2019년 9월 본격적으로 투자한 이 돈은 지금 세 배 이상으로 불어나 있다. 어떠한 생각이 드는가? 황당하게 느껴지는가? 나는 한 달 내내 고생해도 몇 백 벌기가 힘든데 어떤 인간은 빌려서 투자해도, 그것도 금 기시하는 코인에 투자해서 돈을 번다고? 화가 나겠지만 이 것이 운이다.

누군가는 탁월한 선택을 한 이분의 능력이라고 말할 수 도 있겠지만, 이마저도 운이다. 이 말이 틀리려면 이분은 100억 원을 번 후에 날리지 말았어야 했다. 이처럼 돈을 벌 때가 되면 탁월한 선택이 되는 것이다. 스스로가 탁월한 선 택을 해서 돈을 번 것이 아니란 말이다.

그럼 이분은 이후로는 안 망하느냐? 그것도 아니다. 2022 년 2월이 지나면서 또다시 돈이 사라진다. 하지만 사라지지 않고 액땜하는 방법이 하나 있다. 무조건 땅을 사서 묻어두 는 것이다. 부동산 외의 모든 자산은 사라지기 때문이다. 지인은 물론 가족도 믿어선 안 된다. 이 말씀을 전하니 선 생님께서 왜 그렇게 말씀하시는지 알 것 같다고 한다.

운이 온다는 것은 상상 이상의 재물을 뜻한다. 재능은 현 상 유지, 최소한 밥은 먹고 살게 해준다. 하지만 노력과 재 능만 가지고는 성공을 못 한다. 노력과 재능을 폄하하기 위 함이 아니다. 운이란 그만큼 강한 힘을 지니고 있음을 말하고자 함이다.

"만일 운과 지능 중 하나만 선택해야 한다면 나는 언제나
운을 택할 것이다."

포브스 400대 부호 중 한 명이자 석유 재벌인 레이 리 헌
트의 말은 이래서 시사하는 바가 크다. 운이란 이런 것이
다. 강력한 것이고 큰 부를 만들어 준다. 사주명리학은 그
운이 언제 오는지를 짚어 성공을 거머쥘 수 있는 열쇠를 제
공해 준다.

이 글을 쓰는 나는 감히 사주팔자를 논할 수 있는 사람
이 아니다. 그저 무료 운세를 심심풀이로 봤던 사람이다.
그러다 지인의 소개로 류보곤 선생님을 만나게 됐고, 상담
과정을 통해 내 삶에 변화가 생기면서 이 글까지 쓰게 되었
다. 사주를 논하기에 앞서 왜 누군가는 되고 누군가는 애써
도 안 되는가를 고민하는 사람이었고 그 답을 찾기 위한 하
나의 여정으로서 이 글을 쓰기 시작했다. 그래서 전문적이
지 않고 어설프다.

이 과정에서 사주란 것이 그냥 찍어 맞히는 것이 아니고
삶의 나침반 같은 역할을 하는 학문이란 사실을 뒤늦게 알

게 됐다. 그 여정을 류보곤 선생님과의 대화 형식으로 풀어 내려고 한다. 필요에 따라 전문적인 용어가 들어가지만 최대한 일반적인 언어로 풀어 옮기려고 했다. 나도 잘 모르는 사주인데 한 번도 보지 않은 분들은 더욱 모를 것이란 판단에서 최대한 쉽게 쓰려 노력했다.

『괜히 애쓰고 살았다』는 운이 무엇이고, 왜 우리는 운을 적절히 활용해야 하는지, 그리고 내가 애쓰며 하고 있는 것들이 과연 의미 있는 일인지 등 우리가 살면서 겪는 고민들을 사주팔자의 관점에서 어떻게 풀어내는지 알려줄 것이다. 애쓸 때 애쓰고, 힘 뺄 때 빼야 하는 타이밍을 알려준다. 그리고 운을 수용하는 것이 왜 중요한지도 보여준다.

그럼 이제부터 우리가 몰랐던 재미난 사주팔자의 세계로 들어가 보자.

목차

즉문즉답, 둘

즉문즉답, 셋

개천에서 용 나니?
욕 나니?

> 매일 정신이 아득할 정도로 많은 시간을 연습에 쏟고 나면 이상한 능력이 생긴다.
> 다른 선수들에게는 없는 능력이 생긴다.
> 예를 들면 투수가 공을 던지기 전부터 그 공이 커브인지 직구인지 알 수 있게 된다.
> 그리고 날아오는 공이 수박처럼 크게 보이게 된다.
>
> - 메이저리그 야구 선수, 행크 에런

　행크 에런(1934년 2월 5일~)은 미국 메이저리그 역사상 두 번째로 많은 홈런 755개를 친 흑인 타자로 인종 차별의 시대를 노력과 몰입을 통해 완벽히 이겨낸 인물이다. 메이저리그 사무국은 1999년 그가 715호 홈런을 기록한 지 25주년을 맞아 대타자의 업적을 기리고자 행크 에런상을 제정했다. 이런 이야기를 듣고 있노라면 노력의 중요성을 다시 한번 절감하게 된다.

　'나도 남 못지않게 노력하고 사는데 왜 이렇게 성과가 없지? 아직도 노력이 부족한가? 흙수저 출신이라 한계가 있는 건가? 아니라면 얼마나 더 노력해야 이 상황을 벗어날 수

　괜히 애쓰고 살았다

있을까?'라는 의문이 늘 지후 머릿속에 맴돌고 있었다.

"지후야, 노력이 천재를 이긴다 하고, 노력은 배신하지 않는다고 성공한 많은 사람이 하는 말을 들어본 적 있니?"

"그럼요. 제가 제 운명을 바꿔보려고 얼마나 노력하고 살았는데요. 성공 방정식을 이해하기 위해 나폴레온 힐의 『생각하라 그러면 부자가 되리라』를 외우듯 보고, 데일 카네기의 『카네기 인간관계론』을 얼마나 자주 봤는지 모릅니다. 그래서인지 회사생활 하면서 동기들보다 월급을 더 받았고, 인정도 받았는데 딱 거기까지더라고요. 먹고 사는 건 지장이 없는데 그렇다고 일을 손에서 놓아도 될 정도로 돈을 벌지는 못했어요."

"그래. 네가 본 책들, 참 좋은 책이지. 그리고 네 말대로 애를 안 쓴 것도 아닌데 왜 그렇게 아등바등하고 사는 걸까?"

"그래서 가끔은 화가 난다니까요. 성공학에서 늘 강조한대로 계획 세우고, 행동하고 주변까지 챙겼는데 뭔가 모르게 잘 풀리지 않았어요. 어떤 녀석은 계획도 없고, 매사를 적당히 하고, 주변 생각은 일절 하지 않고 제멋대로 살아도 돈을 잘 버니 정말 미치겠더라고요. 샘도 나고, 솔직히 '쟤는 뭐가 있어 저렇게 됐나' 싶기도 하고요. 이럴 때는 그냥 대충 사는 게 낫겠다 싶기도 하다니까요. 애써 봐야 힘만 들지 별 소득도 없는 것처럼 보이니까요."

"그래, 그 심정 이해해. 많은 사람이 나를 찾아오는 이유이기도 하지. 애써도 안 되고, 되다가도 깨지고, 성공했다 싶다가도 도로 망하고……. 그런데 이게 운이란 거야, 운! 운이 오면 안 될 일도 되고, 운이 없으면 될 일도 안 돼."

"저는 정말 노력해야 잘 산다고 생각했는데 이제는 운칠기삼(運七技三)이 맞는 것 같아요. 아니 운구기일(運九技一), 운이 9할 같아요."

"운구기일이 맞아. 왜 어떤 연예인은 '발연기'를 하는데도 뜨고, 어떤 연예인은 연극배우 출신으로 탄탄한 연기력을 발휘해도 못 뜰까? 항간에 떠도는 소문에 몸 대주고 '스폰 (스폰서)' 받았다고 하지만, 그럼 몸 대주면 모든 배우가 '스폰'을 받니? 아니란 거야. 막말로 '스폰'도 운이 있어야 받지 아무나 받는 게 아니란 거야. 연기가 탄탄한 사람 입장에서는 이런 장면에서 화가 나겠지만, 결국 본인의 운대로 가는 거야. 그 '스폰'이란 것도 운이 꺾이면 없어질 테니 너무 남의 운에 일희일비(一喜一悲)할 일이 아니란 거지. 내 운이 중

괜히 애쓰고 살았다

요한 거야."

"듣고 보니 그렇네요. 저는 '스폰'을 받아 떴다고 생각했는데, 그게 한편으론 맞는 말이지만 모두가 '스폰'을 받을 수는 없는 노릇이니 그마저도 운이네요."

"가끔 뉴스나 잡지 기사를 보면 무언가에 성공한 사람들이 하는 말 중에 운도 좋았지만 실력이 99%, 운이 1%라는 식으로 말하는 사람들이 있어. 그런데 내가 이렇게 말하는 사람에게 되묻고 싶은 것이 있어."

"뭔데요?"

"당신은 이렇게 말한 이후로는 절대 망해서는 안 된다고. 본인 말대로 운이 아닌 실력으로 된 사람이 이후로는 뭐든 못 이룰 것이 없을 거잖아. 2014 소치동계올림픽 피겨스케이팅 여자 싱글에서 피겨 여왕 김연아를 제치고 금메달을 목에 걸었던 아델리나 소트니코바가 김연아보다 과연 실력이 좋았을까? 설령 실력이 좋았다 해도 소치가 아니고 평창이었으면 어떻게 됐을까? 이게 과연 실력의 문제일까? 운이란 게 바로 이런 거야. 실력만 가지고 일등을 할 수 없는 거지. 운이 따라야 해. 잘 되면 내가 잘한 거고, 못 되면 환경

탓을 하지만 모든 것은 운이 좌우하는 거야."

지후는 이 말에 동의했다. 마이클 모부신이 쓴 『운과 실력의 성공 방정식』에 보면 아래와 같은 글이 있기 때문이다.

사람들은 자신의 성공에 대해 스스로를 기만하는 데 능숙하다. 심리학자는 이런 현상을 자기중심적 귀인 편향이라고 부른다. 사람들은 운이 좌우하는 분야에서 거둔 성공조차도 자신의 특별한 재능에 의한 결과라고 말한다. 사람들이 이렇게 생각하는 것은 스스로를 어느 정도 유능한 존재로 보기 때문이다. 우리는 무엇인가를 할 수 있고 어떤 일이 일어나게 만들 수도 있다. 그래서 자신의 실력으로 성공을 이루었다고 생각한다. 반면 실패는 불운과 같은 외부 요인 탓으로 돌린다.[1]

결국 운마저 자기 실력으로 착각하기에 일시적으로 성공할 수는 있어도 지속적인 성공이 어려운 것이다. 운이 아니라 본인이 성공했다고 말하는 방법이 사실이 되려면 그 성공 이후로는 절대 실패가 없어야 하기 때문이다. 또한 성공 방정식이란 게 그 사람에게만 맞는 것일 수도 있고, 나에게

---

1) 마이클 모부신 저, 이건 외 2명 역, 『운과 실력의 성공 방정식』(에프엔미디어, 2019)

괜히 애쓰고 살았다

는 맞지 않는 방법일 수도 있다. 결국 그 성공 방정식을 만든 사람마저도 그 발언 이후에 한 번도 실패하지 않는 경우는 없을 테니까. 그래서 사주팔자에서 성공은 운이 들어와 성공한 거고, 실패는 운이 없어 실패한 거라 말하는 거다. 내 능력과 무관하다는 것이다.

"맞는 말씀이신 거 같아요. 최근 코로나19 팬데믹 상황을 겪으면서 과연 실력이란 게 무슨 의미일까 고민하는 일이 많아졌어요. 4차 산업혁명을 논하고 있는 이 시점에 대박을 터뜨린 사업은 다름 아닌 2차 산업인 마스크 제조업이었으니 말이에요. 누가 감히 융합의 시대를 말하는 이 시기에 마스크가 대접받는 세상을 예상했겠어요. 경제 전망을 아무리 내놓아도 운이란 변수는 어떻게 할 수가 없잖아요."

"맞아. 대박이 났지. 안 그래도 최근에 한 손님이 찾아와 놀라서 묻더라. 이거 이렇게 돈 많이 벌어도 되나 싶다면서. 그리고 코로나19 팬데믹 이전까지 호황을 누렸던 여행사 대표는 찾아와서 죽을 지경이라고 하고. 스튜어디스를 꿈꾸며 실력을 쌓던 친구들은 지금 현 상황이 황당할 뿐이지. 다른 공부를 해야 하나 싶기도 하고. 이게 과연 이 사람들 노력과 능력이 부족해서 이렇게 된 걸까? 아니란 거야. 그야말로 운인 거지."

"맞아요. 저는 이와는 반대인 반전을 경험한 적이 있어요. 대학 졸업 전 건축기사, 건설안전기사 자격증을 따놓은 상황이라 병역특례 업체에 들어가는 것이 어렵지 않을 것이란 생각을 했었어요. 그런데 좀 더 빵빵한 학교에 스펙을 가진 친구들이 있어서인지 지원하는 곳마다 떨어지더라고요. 입대 두 달도 안 남은 상황이라 병역특례는 포기하고 있었는데, 1995년 6월 삼풍백화점이 무너진 후 모든 건설 현장에 안전기사를 필히 배치해야 하는 상황이 된 거지요. 그전에는 대형 현장 외에는 꼭 필요한 자격증이 아니었거든요. 그런데 이런 상황이다 보니 안전기사 자격증 가진 사람이 갑자기 귀한 대접을 받게 되면서 바로 입사를 하게 된 거예요. 삼풍백화점의 참사가 제겐 오히려 행운이 된 사건이었죠."

"이러니 운이 좋아야 한다는 거야. 하지만 착각하면 안 되는 것이 하나 있지. 바로 노력을 게을리해선 안 된다는 사실이야. 내가 하는 말은 실력이 무의미하단 얘기가 아니라 운의 힘을 간과하지 말란 얘기지. 능력을 갖추지 않은 사람은 운을 논할 가치가 없어. 그런 사람은 운이 와도 크게 먹지를 못할 테니까."

"그럼 능력 유무와 상관없이 운이 누구에게나 한 번씩은 오는 걸까요?"

괜히 애쓰고 살았다

"그럼. 일생에 운 한 번 오지 않는 사람은 없어. 단, 똑같은 100의 운이 들어오는데 현재 내 상황이 어떤가에 따라 운의 양상이 달라지는 거지. 만약 내가 거지라면 치킨 백 마리 정도 먹는 거야. 그런데 내가 작은 치킨집이라도 하나 운영하고 있다면 매출이 백배 터지거나 대운이 들었을 때는 프랜차이즈 100개까지 치고 나가는 거지."

"결국 기반이 다르면 게임의 양상 또한 다르고 그 결과 또한 확연히 차이 난다는 말씀이시잖아요. 그렇다면 부모 잘 만난 사람과 경쟁하기 힘든 것 아닐까요?"

"그렇긴 하지. 가게를 해도 부모가 힘이 있으면 하나 차려 주고 시작할 텐데 없는 부모 밑에서는 내가 아르바이트를 하거나 취업해서 모은 돈으로 가게를 차려야 하니 갈 길이 멀지."

"이 얘기를 듣고 나니 운마저도 '금수저', '흙수저' 급이 다르단 생각이 드네요. 정말 불공평해요. 열심히 해봐야 결국 출발점이 다르니 결과도 다를 거 아니겠어요."

"그렇다고 '흙수저'가 희망이 없느냐? 꼭 그렇지만은 않아. 되든 안 되든 무언가에 끊임없이 도전하는 사람이 있는데 이건 운이 바뀌려는 사람들의 특징이야. 운이 없는 사람은 무력하고 어떤 것에도 관심이 없거든. 도전 자체가 없어."

"이 말인즉 '흙수저'도 '금수저'를 물 수 있는 기회가 생기고, '금수저'도 '흙수저'로 전락할 수도 있다는 말씀이신가요?"

"그렇지. 뭔가 계속 도전하는 사람은 부모가 유력하지 않아도 희망이 있어. 바로 그런 인물 중 한 명이 이재명 경기도지사야. 이재명 지사는 안동의 가난한 집안에서 태어나 초등학교 졸업 후 공장에서 일하다 프레스에 왼쪽 팔뚝이 찍혀 장애를 입고 군도 면제받았어. 사춘기 시절 장애를 입었으니 얼마나 희망이 없었겠니. 그래서 자살도 시도하고. 그러다 죽을 각오로 공부에 전념해 1년 만에 중학교, 고등학교 검정고시를 거쳐 중앙대학교 법대에 장학생으로 입학했지. 고시 통과 후에는 인권 변호사로 활동하다 지금의 경기도지사가 된 거고."

"검정고시로 대학 간 건 알고 있었는데 공장에서 일하다 다치고 자살까지 시도했다는 얘기는 모르고 있었네요. 부모 사주가 빈약한데도 자갈밭에서 알곡이 나올 수 있다는 말씀이신 거죠?"

괜히 애쓰고 살았다

"그렇지. 하지만 이렇게 밑바닥에서 천장까지 치고 오르는 경우는 드물잖아. 개천에서 용 난다는 말이 있지만 개천에서 욕 난다는 말이 더 맞을 거야."

"개천에서 욕 난다? 하하. 결국 인생 역전은 쉽지 않다는 말씀이시잖아요."

"꼭 그런 건 아냐. 설명을 쉽게 하기 위해 인생을 1등급부터 10등급까지 있다고 가정해 볼게. 10등급 인생도 운이 최소 한 번은 오게 마련인데 이 운을 잘 살리면 6, 7등급까지는 끌어올릴 수도 있다는 거지. 이재명 지사처럼 10등급 인생에서 1등급까지 퀀텀 점프하는 것이 어렵다는 말이야. 1, 2등급 사주가 왕기(旺氣, 왕성한 기운)를 띠면 크게 발하지만 9, 10등급 사주가 왕기를 띠면 전도(顚倒, 뒤바뀌어 원래와 달리 거꾸로 됨) 현상이라 해서 잘못하면 죽어. 그래서 너무 크게 운이 들어오는 것은 경계해야 해. 결국 감당할 수 없는 운은 흉이 될 테니까."

"과유불급(過猶不及)이네요. 내 그릇 크기 이상의 복은 넘친다는 말인데⋯⋯. 그렇다면 그 운을 담을 그릇을 키워야하겠지요?"

"종지 크기로는 하늘이 내려준 복도 그만큼밖에 못 받으니 그릇을 대접만큼 키우라고 말하는데 그게 쉽니? 잘못하면 깨져. 그릇이 태어날 때부터 고정돼 있는데, 그 그릇을 늘리는 것이 쉽겠냐는 말이야. 늘어나겠어? 깨지지. 내가 키우고 싶다고 해서 그릇이 키워지지 않아. 운이 들어와야 그릇 키울 생각이라도 한다는 것이 핵심이지."

"운이 들어와 그릇을 키울 생각을 했어도 말씀하신 것처럼 그릇이 늘어나지 않으면 어떻게 해야 할까요?"

"왜 그릇을 늘릴 생각만 하니? 그릇에 좋은 것만 골라 담으면 되지. 사주팔자는 바꿀 수 없기에 그 그릇을 늘리는 것은 쉽지 않아. 하지만 운이 들어오면 지혜로워져. 취사선택(取捨選擇)을 잘하게 되지. 필요한 것만 취하고 아닌 건 버리는 식으로. 생수통은 많은 물을 담았지만 향수병에 비하면 그 가치가 현저히 떨어지잖아. 그릇은 크기보다 무엇을 담느냐가 더 중요한 거야."

류 선생님의 말을 듣던 지후도 아차 싶은 생각이 들었다. 크기에 집착하다 보니 그릇을 왜 키워야 하는지, 무엇을 담을지에 대해선 간과하고 있었던 것이다. 많은 것이 담긴 그릇에서 무엇을 해야 할지 모르는 것보다 한정된 것밖에 담

괜히 애쓰고 살았다

을 수 없는 작은 그릇에서 한 가지를 제대로 완성하는 것이 더 나을 것이란 생각에 이르렀다. 하지만 '금수저'와 큰 그릇에 눈이 가는 건 어쩔 수가 없었다.

"그럼 혹시 저는 7, 8등급 인생인데 제 아이는 3, 4등급 아이로 키울 수 있을까요?"

"그럼, 가능하지. 내 사주가 좀 좋지 않아도 합방 날짜부터 제대로 잡으면 나보다는 좀 더 나은 아이를 출산할 수 있어. '부불삼대 빈불삼대(富不三代 貧不三代)'라고 부자, 빈자 모두 3대를 가지 않는다는 말이야. 이 때문에 지금 내 처지를 보며 실망할 이유가 없고, 내가 지금 잘나간다고 해서 거만할 이유도 없지. 계절이 순환하듯 부자와 빈자 팔자도 계속 바뀌니까. 그리고 앞서도 언급했지만, 지후 너도 이런 고민과 질문을 한다는 것 자체가 운이 들어온 거야. 운이 없는 사람은 해보겠다는 의지가 없어. 질문도 없고."

"그럼 적어도 본인 인생에 대해 물어보러 오는 사람은 사주팔자가 좋든 안 좋든 운이 조금이라도 바뀌고 있는 것이라 보면 될까요?"

"그렇지. 그런데 이것도 꼭 그런 것만은 아니란 거야. 운이 없는 사람들도 사주 보러 오거든. 그런데 특이한 점은 질문이 어이없어. 무턱대고 '이번 달에 왜 그래요?' 이런 식이야. 공장에서 일하는데 옆에 있던 동료가 실타래를 던졌다는 거야. 그래서 자기도 화가 나서 같이 던졌는데 그 실타래에 상대가 맞아 다친 후 고소를 했다는 거지. 자기는 왜 이렇게 옆에서 괴롭히는 사람들이 있는지 모르겠다고. 아니, 이게 질문이야? 물어보는 게 이런 식이야. 이게 뭐니? 이건 여기까지 와서 물어보고 자시고 할 일도 아니잖아. 왜 던졌겠어? 이런 수준의 질문을 하는 인간들이 삶의 실타래를 풀기 위해 던졌겠어? 실타래에 맞았으니까 던진 거고, 맞은 사람은 그래서 신고한 것인데. 이게 무슨 사주적으로 의미를 부여할 일이니? 그냥 보면 아는 일인데. 뇌가 없는 거지. 운이 없으니 이런 질문이 나오는 거야."

"그럼 손님이 왔을 때 질문 던지는 것만 봐도 대충 어떤 사람인지 알 수도 있겠네요."

"맞았어. 이런 유의 질문을 하는 사람들은 거의 다 하루살이 인생들이야. 미래에 대한 계획이란 게 하나도 없고, 그냥 오늘 누가 소주 한 잔 사주면 좋고 그런 거야. 솔직히 이런 사람에겐 미안하지만 그냥 좋은 얘기만 해주면 돼. 삶에 대한 진지한 고민이 없으니 그냥 좋게 말해주는 거야. 오히

려 진지한 고민을 하는 사람들에겐 진짜 현실을 말해주기
도 하는데 하루살이 인생에게 내일에 대한 진지한 얘기가
무슨 의미가 있겠어. 소주 값 안 내려고 신발 끈 묶는 사람
들에게……"

어쩌면 운은 도둑처럼 오지 않는다. 무언가 묻고, 고민하
고, 도전하게 하면서 시그널을 보낸다. 지금 운이 오고 있다
고, 준비하라고. 개천에서 용이 나오는 일은 흔하지 않겠지
만 욕 나오는 일만 있지도 않다고. 순간 지후는 운을 꽉 잡
을 수 있겠다는 생각이 들었다.

예상 가능하면 능력이요,
입이 떡 벌어지면 운

"선생님, 그렇다면 혹시 이건 능력이고, 이건 운이라고 구분할 만한 어떤 방법이 있을까요?"

"사주명리학에서 '운은 딱 이거야'라고 말하고 있진 않지만 나만의 구분 방법이 있지. 예상 가능하면 능력이고, 입이 떡 벌어지면 운이야. 예를 들어 순수입 500만 원 가게를 운영하던 친구가 700만 원을 벌면 어떻겠어?"

"본인의 노력과 능력 덕이라고 생각하겠지요."

"그렇지? 그런데 다시 1,000만 원 정도 수익이 난 거야. 그럼 어떨 것 같아?"

"운이 좀 좋은 것 같지만 그래도 내가 그동안 고생하고 깔아놓은 손님 덕에 번다고 생각할 것 같아요."

"그런데 다음 달 갑자기 2,000만 원을 넘더니 월 3,000만 원 정도 벌게 되면 어떻게 되겠니?"

"운이 좋았다는 소리가 절로 나올 것 같아요."

"그래, 그게 운이야. 앞서도 말했지만 이게 실력이고 능력이면 이후로는 절대 이 소득 이하로 내려가면 안 돼. 능력이라고 했으니까."

"아, 어떤 느낌일지 알 거 같아요. 저도 올해 초 아는 분과 함께 2억 원가량 투자를 했는데 이게 8개월도 안 돼 10배의 수익을 냈거든요. 솔직히 두 배 정도 수익을 냈을 때는 실력인 줄 알았는데 이게 네 배, 다섯 배를 넘어가니까 어리둥절하더라고요. 이게 현실 맞나 싶기도 하고요. 그렇게 경제 기사 읽고, 책 보고, 현장도 가보고 한 투자는 오히려 별 볼 일 없었는데 지인분의 말 듣고 그냥 되면 좋고 아님 말고 식으로 한 게 대박이 났어요."

"그래, 그게 운인 거야. 그런데 사람이 잘 되면 마치 그게 제 실력인 양 착각하지. 그래서 또 망하는 거고."

"무슨 말씀인지 알 것 같아요. 저도 솔직히 두서너 배 올

랐을 때까진 내가 그래도 나름대로 선택하고 분석해 이런 결과가 나온 거라고 생각을 했으니까요. 그런데 지금은 일절 그런 생각을 하지 않아요. 그냥 운이 좋았구나 할 뿐이에요. 정말 운이 들어올 때는 우연히 만난 지인의 얘기를 듣고 투자해도 대박이 난다는 거잖아요."

"그렇지. 최근에 온 한 손님도 마찬가지야. 자기 친구의 동생이 미국에서 비만 관련 치료제를 만들고 있는데 효과가 엄청나서 대박이 날 거라고 했다는 거야. 그래서 투자했다고 하는데 넌 이 얘기를 듣고 어떤 생각이 드니?"

"아니 뭐 특별할 것도 없고, 그냥 너무 당연한 정보 같은데요? 미국에 비만 인구가 많으니 제대로 된 비만 치료제를 만든다면 대박이 나겠지요. 그래 봤자 수많은 비만 치료제 가운데 하나일 거고 출시 전 대단하다 안 하는 제품도 없으니 그냥 그렇냐고 하면서 흘려들었을 것 같아요."

"그렇지. 그게 운이란 거야. 남들은 다 별로라고 하는데 본인만 뭔가에 탁 꽂히는 거지. 그래서 이 양반이 있는 돈 없는 돈 탈탈 털어 그 회사 주식을 산 거야. 단지 느낌이 괜찮아서. 그리고 얼마나 번 줄 아니? 210억 원이야! 그것도 일 년 동안 번 금액이."

괜히 애쓰고 살았다

"네, 210억 원요? 와~ 이거 정말 말이 안 나오는데요."

"210억 원의 수익을 가져다준 주식인데 그 양반 말대로 그냥 느낌이 괜찮아서 샀지 분석 따위 하나도 없었다는 거야. 그런데 여기서 끝이 아니야. 원래 이 주식으로 매일 1억 원씩 입금이 됐는데 300억 원가량 벌었을 때 이 약을 먹고 부작용으로 한 명이 죽었다는 거야. 이 일로 주가가 30% 이상 빠졌는데 아무래도 이게 이대로 끝날 거 같지 않더래. 그래서 많은 수익을 주고 있었지만 또 과감하게 전량 매도를 했다는 거야."

"어떻게 됐나요? 혹시 매도 후 소비자의 죽음과 약의 인과관계가 없는 것으로 밝혀졌나요?"

"아니, 또 한 명이 죽었대. 그 후 완전 폭락이었다는 거야. 그런데 이 양반은 300억 원에서 30% 손해 보고 매도한 수익이 210억 원이니 얼마나 운이 좋은 거냐? 폭락하는 와중에도 수익을 내고 팔잖아. 운 없는 사람은 사는 것까지는 잘 사서 대박이 났어도 매도를 못 해 다시 쪽박을 차는 거지. 그런데 운이 좋으려니 살 때 팔 때 타이밍이 다 맞아 이 정도 돈을 번 거야. 본인도 일생에 이런 일은 처음이었대. 그 돈으로 본인이 종사하던 업에서 나름 큰 기업을 일구게 됐고. 그런데 그 사정을 모르는 사람들은 열심히 노력하고 애쓴 결과로 괜찮은 기업을 일군 것으로 생각할 수 있다는 거야. 본인도 가끔은 착각할 때가 있을 것이고."

"정말 들으면 들을수록 안 믿겨요. 저도 최근에 투자로 10배 이상 수익을 보지 않았다면 말도 안 되는 소리라 했을 거예요. 그런데 제가 직접 경험하고 있으니 그럴 수도 있겠구나 하는 생각이 듭니다. 오히려 이분은 어떤 운이 온 것일까 궁금할 뿐이고요."

"어떤 사람들은 주식 분석하고 경제 상황을 주시하면서 투자해도 망하는데, 어떤 사람은 이거 좋다는 한마디에 돈을 벌기도 해. 이게 무슨 실력이니? 운이지. 투자를 업으로 하는 사람이야 직업이니 투자수익을 많이 내야 하겠지만, 일반인들이 그냥 투자해서 저렇게 큰돈 벌기가 쉽겠어? 막말로 선수도 저 수익 혼자 냈으면 남의 돈 굴리고 있겠니. 그냥 회사 때려치우지. 그래서 운이 중요하다고, 중요하다고 강조하는 거야."

"정말 애쓴다고 노력한다고 다 되는 게 아니란 걸 자꾸 느껴요."

괜히 애쓰고 살았다

"생각해봐라. 너도 답답한 인생 바꿔보겠다고 발악 엄청 나게 했다면서. 그런데 바뀌던? 안 바뀌어. 운이 없을 때는 뭘 해도 안 돼. 나아갈 때 힘쓰고 물러날 때 힘 빼야 하는데 그때를 모르니 반대로 힘쓰고 힘 빼지. 그러니까 더 힘들어지고."

"그러니까요. 만약 올해부터 본격적인 운이 들어온다는 사실을 알았다면 아마도 무리는 덜 했을 것 같아요. 회사도 열심히 다니고, 공부도 꾸준히 할 거지만 적어도 야근은 안 할 것 같아요. 운만 보며 감 떨어지길 기다린다는 말이 아니라 적어도 무리는 안 하겠다는 말이에요. 이미 만들어진 판에서는 노력을 다하겠지만 굳이 없는 판을 벌이지 않을 거란 거지요. 솔직히 사주를 제대로 이해하지 못했을 때는 노력이 부족해서 안 된다고 생각했기에 잠까지 줄여가며 일을 했어요. 하지만 운이 없으니 노력에 비해 성과도 없고 몸만 상한 꼴이 됐고요."

"맞아. 안 되니까 더 달리고 하지. 그래도 이건 운이 없는게 아니고 운이 들어오려는 시도라고 했잖아. 운 없는 것들은 아예 시도조차 안 하니까. 그런데 그거 알아? 지후 네가 지금 내 말을 듣는 것도 운이 들어왔기 때문인 거야. 운이 없으면 옆에서 아무리 조언을 해줘도 말을 안 들어. 듣는 둥 마는 둥 하지. 너도 작년엔 운이 들어오기 시작했지 완전히 들어온 것이 아니니까 내가 하는 말 귓등으로 들었잖아. 하지 말라는 투자도 하고. 하지 말라고 해도 하는 게 사주팔자인 거지. 왜냐하면 그때는 돈을 잃어야 하니까 내가 아무리 말해줘도 앞에선 '예' 하고 뒤로 가서는 네 맘대로 하는 거야."

"참 그게 웃긴 거 같아요. 고개 끄덕끄덕해놓고 딴청 부리는 것 보면요."

"그렇지. 그리고 우리가 뭔가 열심히 하면 운이 오는 신호라고 했잖아."

"네, 운이 오면 운동도 하고 공부도 하고 뭐든 열심히 한다고 하셨어요."

"그래, 그렇게 말했지. 그런데 그 운이 불운(不運)인지 행운(幸運)인지 봐야 한다는 거야."

"그건 또 무슨 말씀이세요?"

"운이 좋아 잘 되려고 하는 사람도 열심히 하지만 운이 없어 망하려고 하는 사람도 열심히 해. 한마디로 잘 될 때도 망할 때도 열심히 한다는 거야. 그래서 망하려고 그러는지 흥하려고 그러는지 잘 읽어내야 해."

"그래요? 참 운이란 게 웃기네요. '열심히'란 불을 붙이지만 결과는 다르게 나타날 테니까요."

"그렇지. 그래서 '너 이거 하지 마라, 너 이거 손대면 망한다' 해도 열심히 해. 왜! 사주에 망하기로 돼 있으니까."

"그럼 '너 이거 하면 망해', 그랬을 때 선생님 말을 듣고 제가 안 할 수도 있나요?"

"아니지. 나도 말리지만 안 될 것이란 것을 알지. 사주에 하기로 한 건 그럴 수밖에 없으니까. 넌 내가 하지 말라고 해도 하게 된다. 그리고 넌 망한다. 이렇게 말하면 넌 안 할 거로 생각하지만 넌, 한다. 이렇게 얘기해."

"하긴 저도 그랬으니까요. 그럼 이걸 막는 다른 방법이란 게 존재하나요?"

"있지. 각자 사주에 맞는 대체물상(代替物像)이란 게 있고,

이사 가는 등의 액땜 방법이 있어. 그리고 인연법(因緣法)으로 내 금전적 손해를 막아주는 방법도 있고. 사주팔자, 주어진 운명은 절대 바꿀 수 없지만, 그 큰 틀 안에서 행운과 불운을 운용하는 방법은 따로 있다는 거야. 예를 들어 올해 가을 창업을 하기로 한 것은 말려도 하게 되지만 누구와 하느냐에 따라 손해를 80% 이상 경감시킬 순 있다는 거야."

"80% 이상 경감시킬 수 있다면 아예 안 하게 할 수 있는 방법도 있을 것 같은데요. 없나요?"

"앞서 말했잖아. 하지 말라고 해도 할 거라고. 그건 이미 정해진 거야. 다만 인연법에 의해 사람을 잘 만나면 그 리스크를 최소화할 수는 있다는 거지. 이걸 찾아주는 게 사주명리학의 역할인 거지."

"아, 네……."

얘기를 듣던 지후는 운이 마치 뻥튀기 기계 같다고 생각했다. 그리 애써도 터지지 않았던 내 능력을 한 방에 뻥 튀겨주기 때문이다. 또한 운이 바뀌는 시점에 열심을 다하게 되는데 이 운도 행운과 불행으로 나뉜다는 사실이다. 그리고 그 불행을 최소화할 수 있는 대체물상과 인연법이 있는

괜히 애쓰고 살았다

데 특히 인연법은 내 운명에 많은 부분 영향을 미친다는 것
이다. 인연법이 어떻게 우리 인생에 영향을 미치는지 궁금
해졌다.

사주명리학은
인생의 커닝 페이퍼!

"선생님은 사주를 보는 이유가 뭐라 생각하세요?"

"너무 답답해서. 당장 내 경우를 말하자면 사주 배우기 전에 궁합 보러 다녔거든. 왜냐면 불안한 거야. 자신도 없고, 잘 살 수 있나 그런 생각도 들었어. 그래서 봤지. 불안하고 내 삶에 확신이 없으니까."

"그럼 이제 사주를 공부하신 입장에서 이걸 묻는 분들을 보면 어떤 생각이 드세요?"

"예를 들어 연인 사이가 백 퍼센트 만족스러우면 안 볼 것 같잖아. 그런데 현재 상황이 만족스러워도 찾아와. 이게 과연 계속 지속될지 궁금한 거야. 반대일 경우는 말할 필요도 없고. 결국 좋아도 안 좋아도 찾아오는 이유는 이게 과연 얼마나 갈지 궁금한 거지. 상대의 마음이 진짜인지도 궁금하고. 시험 같은 경우도 마찬가지야. 두세 번 떨어지니까,

괜히 애쓰고 살았다

당사자도 그렇겠지만 부모도 불안하잖아. 얘가 과연 붙을 수 있을까? 언제 붙나? 그런 걸 보러 오는 것 같아."

"사주를 보면 길이 명확하게 보인다고 생각하세요?"

"그럼, 확실하게 길을 제시해주지. 그리고 수용(受容)하는 것이 무엇인지를 깨닫게 해주는 학문이야."

"사주명리학을 한마디로 정의한다면요?"

"인생의 커닝 페이퍼라고 하면 맞을까? 사주팔자는 바꿀 수 없는 내 운명인데 그 운명을 살짝 엿볼 수 있다면 삶의 디테일을 풀어나가는 데 도움이 될 테니까. 예를 들어 누군가 시험에 서너 번 떨어진 후 실망하고 있을 때 어디 잘 본다더라, 한번 가보라 해서 나한테 찾아왔어. 그래서 사주를 보고 합격이 있나 없나를 살펴보니 이제 곧 붙을 시점이야. 그래서 '되는데!' 하고 사주에 나온 대로 말해주면 상담받으러 온 학생은 희망이 생기는 거지. 커닝 페이퍼를 안 봤으면 계속 절망적인 상태에서 공부를 할 텐데 알고 나면 곧 합격한다는 희망에 공부하면서도 행복하잖아. 그래서 사주를 인생의 커닝 페이퍼라 생각한 거야."

커닝 페이퍼란 얘기를 듣고 잠시 생각에 잠겼다. '내 인생의 미래를 살짝 엿볼 수 있다면 과연 이게 행복할까? 혹시 숙명론적인 사고에 빠져 오히려 노력을 게을리하지는 않을까?'라는 의문이 생겼지만, 계속 실패를 맛볼 때는 타임머신을 타고 내 미래로 가서 살짝 엿보는 것도 그리 나쁠 것 같진 않다는 생각에 이르렀다.

"그럼 선생님, 반대로 시험에 절대 합격하지 못할 사람이 오면 뭐라고 말해주세요?"

"세무사 시험을 준비하고 있다는데 이 학생의 사주로는 경리 정도밖에 안 돼. 그럼 '학교 어디 나왔어요?' 하고 물어봐. 그럼 ○○대 나왔다고 하지. 그럼 '○○대에서 세무사 몇 명이나 합격했어요?' 하고 되물어봐. 그러면 '없어요' 하거나 '한두 명 정도 나왔어요' 한단 말이지. 그럼 내가 '쉽진 않겠네요' 하고 말해. 대놓고 '너 안 돼'라고 할 수 없으니 조금 돌려서 현실적이지만 직설적이지 않게 말하는 거야. 나도 애 키우는 입장에서 이런 말 하는 게 마음이 아프지만, 이렇게 좀 단호하게 말해줘야 현실을 정확히 보게 되거든. 안 그러면 그 학생은 될 거로 믿고 계속 도전할 거니까. 희망 고문을 하고 싶지는 않아."

괜히 애쓰고 살았다

"그럼 보통 뭐라고 답해요?"

"어렵겠네요. 그럼 세무사 말고 저는 어떤 일이 맞을까요?'라고 묻는 학생이 있고, '딱 봐도 점쟁이 네 말이 틀렸어'라는 표정을 하고 그냥 나가는 애들도 있어. 그런 애들은 계속 도전을 하겠지. 인생이 꼬이려고……."

"그럼 선생님 얘기를 수용하는 것은 그만둘 운이 와서 그런 거고, 거부하는 것도 아직 수용할 시기가 오지 않아서 그렇다는 말씀이신 거죠?"

"그렇지. 아직도 '뻘짓'을 해야 할 시기이면 내가 아무리 현실적인 얘기를 해줘도 다른 곳에 물어보러 가. 자기가 원하는 대답이 나올 때까지 사주 쇼핑을 다니는 거지. 그리고 되지도 않을 공부를 계속하게 돼 있어. 하지만 결론은 합격이 안 돼."

세무사 시험에 합격하기 위해서는 사주에 세무 관련 글자가 있어야 한다. 사주에서는 세무 관련, 즉 돈에 관련된 글자가 재성(財星)인데, 이 글자가 없으면 세무사가 되기 어렵다는 것이다. 꼭이라고는 할 수 없지만 일반적으로 재성이 없으면 합격이 어렵다고 한다. 일반 공무원 시험은 관(官)이 없어도 합격할 수 있지만, 세무 회계 관련 시험은 돈에 관련된 글자인 재성이 있어야 가능성이 크다는 말이다. 그렇기 때문에 사주에 재성이 없는 상태에서 "세무사가 되고 싶어요" 하는 학생들을 만나면 말린다는 것이다. 바란다고 다 되는 것은 아니기에.

"다 듣고 보니 왜 사주명리학을 인생의 커닝 페이퍼라 하셨는지 알 거 같아요. 결국 사주 원국에 나온 내 운명을 들여다보고 그 답에 맞춰 현명하게 내 인생을 살아가는 거라 보면 되겠네요."

"그렇지, 사주팔자를 진심으로 수용하면 편해져. 쓸데없이 힘 뺄 일이 없어. 제대로 이해하면 자연스럽게 현명해지는 거야."

잠깐만, 알고 갑시다

자신의 병리적인 증상에 대한 의사의 진단을 신뢰할 수 없어 여러 병원을 찾아다니며 진단을 받는 행위인 닥터 쇼핑(doctor shopping)처럼 본인 운세가 좋다고 할 때까지 여러 점집이나 철학관을 찾아다니며 상담을 받는 행위를 사주 쇼핑이라 한다.

괜히 애쓰고 살았다

즉문즉답, 하나

❓ 운이란 무엇일까?

"한 운 카페에서 사람들이 운이 좋다고 하니까 사주 8개월 정도 배운 사람이 개업했다가 망했다는 거야. 그걸 보고 어떤 사람이 본인의 운만 믿지 않고 5년간 사주 공부하고, 시장 조사도 마치고 홍보도 열심히 해서 장사가 잘된다는 거야. 그래서 운만 믿으면 안 된다고 하는 얘기를 본 적이 있는데 이게 헛소리란 거지. 사주를 모르는 사람이라면 몰라도 사주 공부했다는 사람이 이런 얘길 하면 정말 뭐라고 해줘야 할지를 모르겠다.

내가 예전에 프랜차이즈 형태로 점집 이십 개를 운영했다고 했잖아. 그중 한 지점이 갑자기 비는 바람에 면접도 없이 사주 볼 줄 안다고 했던 여자 선생님을 앉혀놨었는데 몇 시간도 안 지나서 연락이 온 거야. 잘 못 맞히겠다고 하면서. 그래서 전체 운 말고 올해 거만 우선 봐주라고 했어. 그러면서 솔직히 몇 개월 정도 배웠냐고 물어보니까 6개월 정도 배웠다는 거야. 그것도 실력 없는 사람한테. 6개월 배우고 돈 벌겠다고 나온 거야. 어이없잖아. 그런데 웃긴 게 뭔 줄 아니? 내가 데리고 있던 20명 선생님 중에 걔가 수익이 넘버원이었어. 황당하더라고. 이게 뭘 말하는 걸까? 실력이 없는데도 장사는 제일 잘 돼. 잘 못 맞히는데도 손님이 많이 오는 거지. 이게 무슨 조화일까? 실력이 아무리 있어도 운만 못하다는 것이 이런 데서 나오는 거야. 그래서 운이 다란 소리를 하는 거지."

❓ 작은 운도 모이고 모이면 큰 운을 이루는 것일까요?

"말은 좋은데 꼭 맞는 말은 아냐. 작은 게 모여 큰 것을 이룬 게 아니고 큰 것은 큰 거고 작은 것은 작은 거야. 운이 크게 들어오면 큰 운인 거고, 작게 들어오면 작은 운인 거지."

"'태산불사토양 하해불택세류(泰山不辭土壤 河海不擇細流)'라는 말이 있잖아요. 태산은 한 줌의 흙을 사양하지 않고 강과 바다는 작은 물줄기를 가리지 않는다고요. 한마디로 작은 걸 수용해야 큰 것을 이룰 수 있는 게 아닐까 싶어서요."

"우리 집 앞에 당현천이 있어. 이게 한강으로 흘러 들어가거든. 그런데 이 당현천 물이 한강에 들어가는 순간 당현천이란 이름은 사라져버려. 당현천은 흩어져 없어지고 한강만 남아. 당현천의 존재 가치가 없어진 거지. 결국 큰 흐름 안에서 내 가치는 없어지는 거야. 내가 한강을 이루는 데 보탬이 되었다고 해도 나는 당현천일 때만 내 이름으로서의 가치를 한 거지. '태산불사토양 하해불택세류'라는 것도 말이 좋은 거지, 결국 태산과 하해만 남잖아."

"그렇네요. 작은 것이 모여 큰 것을 이룬다 생각했는데, 결국 큰 거는 큰 거고 작은 거는 작은 것일 뿐이네요."

"그렇지. 그렇게 이해를 해야 사주명리학을 제대로 이해하게 되는 거야. 큰 사람은 어려서부터 크게 생각해. 작은 사람은 커서도 생각이 작아. 작은 건 아무리 모아도 한 줌이야. 작은 운이 모이고 모여 그게 하나를 이룬다고 하는데, 틀린 얘기는 아니지만 맞는 얘기는 더욱 아니란 거지. 차를 예로 들면 좀 이해가 될까? 그랜저 오십 대와 람보르기니 한 대가 같을까? 그랜저는 아무리 모아도 그냥 그랜저야. 람보르기니는 람보르기니고. 이제 좀 이해돼?"

괜히 애쓰고 살았다

"네, 이해가 돼요. 그랜저는 그냥 그랜저고 람보르기니는 그냥 람보르기니인 거지, 그랜저 오십 대를 합친다 해서 그게 람보르기니를 대신하진 않는다는 말씀이신 거잖아요. 그랜저 오십 대보다 람보르기니 한 대가 더 낫다고 할 수도 있고요. 경우에 따라 그랜저 백 대를 선호하는 사람도 있겠지만요."

"그렇지. 선택은 본인 몫이야. 단지 작은 운은 작은 거고, 큰 운은 큰 거란 거지."

? 임용고시 합격하기 좋은 해가 있나요?

"사주 원국에 선생님이란 글자가 있는지 없는지를 먼저 봐야 해. 그게 애초에 없으면 시험 볼 의미가 없어. 가끔 사주 급이 떨어지는데 대운에서 운이 좋아 붙는 케이스가 있지만 보통은 없어. 천운이란 이런 경우를 두고 하는 말이지. 보통 사주 원국에 없으면 노력해도 합격을 못 해."

똑같은 사주팔자인데
대통령과 경비로 다른 삶을 사는 이유

　예전 한 방송에서 김영삼 전 대통령과 연월일시, 사주가 동일한 사람을 찾아 나선 적이 있었다. 일국의 대통령 사주팔자이니 같은 사주의 사람 또한 적어도 기업체 사장은 될 것으로 예상했지만, 모두의 예상을 깨고 그 사람의 직업은 아파트 경비원이었다. 고향에서 농사짓다 댐공사로 동네 전체가 수몰됐고 수몰 과정에서 받은 보상금으로 도시에 나와 경비 일을 하는 상황이었다. 지후는 '왜 동일한 사주팔자인데 다른 운명을 살까?'라는 의문이 들었다.

　"선생님, 왜 같은 날 같은 시에 태어났는데 다른 운명을 사는 것일까요?"

　"김영삼 대통령 부모는 부자야. 경비원 부모님은 농사를 짓는 분이고. 누구 뱃속의 씨앗이냐에 따로 운명이 달라. 그게 풍수야. 부자는 종자가 좋고 땅이 비옥하니 알곡일 테고, 거지는 자갈밭에 씨를 뿌렸으니 쭉정이겠지. 한쪽은 부모가 유력하니 공부를 시켰을 테고, 한쪽은 살림이 어려우니 농사짓는 법을 가르쳤겠지. 이러니 운명이 다를 수밖에. 그런데 이 말도 잘못된 거야."

"그게 무슨 말씀이세요?"

"한날 같은 시에 태어났어도 사주가 같을 수가 없는 게 0.1초라도 다르면 사주가 다른 거야. 어떻게 같겠니? 핵분열되듯 사주도 계속 나뉜다고. 사주의 시란 것이 2시간 단위인 것 같지만 그게 다시 일각(一刻), 즉 15분 단위로 또 쪼개져."

"혹시 한자어 일각여삼추(一刻如三秋)의 일각과 같은 건가요?"

"맞아. 일각이 3년처럼 길게 느껴진다는 의미지만 이를 사주에 대입해 보는 거야. 2시간이 일각으로 쪼개지고 그 일각이 다시 3년과 같은 시간으로 쪼개지면서 삼라만상이 펼쳐지는 거야. 그런데 일반적인 사람들의 사주를 볼 때는 2시간 안에서 굵직굵직하게 보는 거야. 하지만 대통령이나 장관 정도 될 사람이면 시간을 쪼개고 쪼개서 보고, 부모 묘는 물론 태어난 자리(풍수)까지 보는 거야. 큰 인물은 쪼개서 볼 이유가 있는데 그냥 동네 아저씨까지 디테일하게

괜히 애쓰고 살았다

볼 이유가 없잖아. 그래서 한날한시에 태어났다는 말은 맞지 않아. 몇 분, 몇 초라도 다른 거야. 그런데 또 똑같은 삶을 살기도 해."

"아니 방금 사주가 똑같아도 다른 삶을 산다고 하셨는데, 이제는 다시 똑같은 삶을 산다고 말씀하시니 무슨 말인지 헷갈립니다."

"같은 사주팔자면 같은 삶을 살기도 해. 한번은 정말 짜고 들어오는 것처럼 같은 연월일시의 손님이 1시간 간격으로 온 적이 있었어. 첫 번째 사람이 왔을 때 '너는 상관성이니 영업, 예체능, 교육, 언어와 관련된 일을 하겠다' 했어. 그랬더니 자기는 영업직이라는 거야. 그래서 한참 상담을 하고 나갔는데 곧이어 다른 사람이 들어온 거야. 그런데 기막히게 앞서 온 손님과 사주가 똑같은 거지. 그래서 방금 왔다 간 손님과 같이 '너도 상관성이니 영업, 예체능, 교육, 언어와 관련된 일을 할 거야'라고 하니까 이 손님 하는 말이 자신은 직업이 강사라는 거야."

"와~ 이거 되게 신기하네요."

"사람들은 같은 날 같은 시에 태어난 사람 둘이 영업직과 강사라는 다른 직업을 가지고 산다고 얘기하겠지만 사주에서는 이게 똑같은 직업이야. 국회의원 배현진은 아나운서를 하다 국회의원이 됐잖아. 아나운서랑 국회의원이랑 완전히 다른 직업이라 생각하지? 이 둘도 사주 상으로는 같은 직업이야. 그래서 사주는 똑같거나 다르거나 둘 중 하나야. 비슷한 건 없어."

인생이란 결코 공평하지 않다. 이름 너마저!

"선생님, '이름을 바꾸면 운명이 바뀌나요?'라는 질문들이 많아요. 어떻게 생각하세요?"

"한마디로 말도 안 되는 소리지. 이 말이 맞으려면 개명(改名)한 사람들은 모두 잘됐어야 하니까. 작명이건 개명이건 이름은 타고난 사주팔자의 보조 수단에 불과해. 기분 나쁘게 들릴지 모르지만 이름이란 것이 '금수저' 출신(꼭은 아니지만)이 아니고서는 바꿔도 거의 별 의미가 없다는 거야. 노비였던 개똥이가 이름을 선비로 바꾼다고 양반이 될 리 없는 것과 같은 이치지."

"그런가요. 보통 개명하면 운이 좋아진다고 들었거든요."

"사람들은 이름 바꾸면 건강도 좋아지고, 자식도 좋아지고, 하는 일마다 잘되는 줄 아는데 과연 그게 맞을까? 사주에서는 목($木$)이 부족하니 목을 채워준다고 하는데 각자의 사주에서 그 목이란 의미가 달라. 어떤 사람에겐 건강이고, 누군가에겐 돈이거나 배우자일 수도 있으니까."

"아, 그렇군요. 저는 목이라고 하면 큰 나무, 작은 나무, 그런 의미로만 받아들였는데 그 이상의 것이 있네요."

"그렇지. 예를 들어 내가 물로 태어났어. 그럼 나무란 글자가 없어. 나무란 글자가 여자한테는 자식이야. 남자가 물로 태어났는데 나무란 글자가 없어. 그럼 그게 장모야. 각자 사주에서 목이란 글자가 건강, 돈, 배우자, 명예 등일 수 있는데 그 목이 없어서 채워줬다고 하면 도대체 뭘 채워준 걸까? 일단 없는 것을 채워주면 균형을 이루는 것은 맞아. 그런데 그게 어디로 가느냐란 거지."

"같은 나무란 글자도 각자의 사주에 따라 그 의미가 다르니 그 사람이 진짜 원하는 것으로 채울 수 있다는 말씀이신 거지요?"

"맞아. 그런데 보통은 나무가 없으면 나무를 채워주는 식으로 기계적 균형인 거야. 균형을 이루어 주는 것은 좋은 거지만 막연한 균형이지. 불균형이 안정일 수 있고, 안정이 불균형일 수 있어. 어떤 사람이 불균형을 이루고 있는 이름

괜히 애쓰고 살았다

인데 이 사람은 다른 거에 대해서는 만족하고 단지 명예만 하나 가지고 싶어. 그런데 그 글자가 불균형 속에 존재해. 재물은 부족한 이름이지만 명예란 글자가 존재할 때 굳이 이름을 바꿀 필요가 있을까? 명예에 재물을 더하고 싶을 때는 개명을 통해 부족한 글자를 채워주는 것이지. 하지만 모든 면에서 다 좋아질 수는 없는 것이야."

"그럼 이름을 바꾼다고 해서 건강, 재물, 명예, 자식 등 모든 면에서 좋아질 수는 없는 거란 말씀이시죠?"

"그렇지. 이름의 균형을 맞춰줬다고 해서 모든 것이 좋아지진 않아. 그중 하나만 좋아져. 모두 가지려고 하는 것은 욕심이야. 그리고 부족한 것을 채운다고 해서 간호사가 갑자기 의사가 되진 않잖아. 하지만 이름에 부족한 것을 채우면 주어진 환경에서 좀 더 나은 곳으로 갈 수는 있지. 간호사라도 개인병원보다 좀 큰 병원, 삼성병원 같은 곳으로 가면 좀 더 안정되게 다닐 수 있잖아. 의사면 지방대 의사보다 서울대 의사가 좋고. 그런 미세함을 보강하기 위함이지 그 이상은 아니란 거야."

계속해 류 선생님은 말씀을 이어갔다.

"내 자식이 귀하게 태어났으면 하는 바람으로 택일해도 부모 사주가 약하면 아이가 원하는 좋은 날에 나오지 못해. 이름 또한 마찬가지야. 내 자식이 잘되길 기원하는 마음으로 지어도 그건 단지 부모의 바람일 뿐 운명을 바꾸진 못하지. 만약 부모 사주와 무관하게 아이를 원하는 날짜에 출산 택일할 수 있다 하고, 개명해서 운명을 바꾼다는 무당이나 점쟁이가 있다면 그야말로 사기야. 어느 누가 감히 하늘이 내린 시간을 알 수 있단 말이야? 그 시간을 알 수 있다고 자부하는 인간이 있다면 오만한 인간인 거지. 이 때문에 내 바람과는 별개로 태어난 연월일시 그 자체가 운명의 시작인 거야."

내 팔자 때문에 내 자식 팔자도 별반 다를 게 없다는 얘긴 건가? 나는 '흙수저'일지언정 내 아이는 '금수저'가 되길 희망하는 것이 부모의 마음일 텐데……. 지후는 답답한 마음을 뒤로하고 질문을 이어갔다.

"선생님, 요즘 아이들 이름을 보면 비슷한 이름이 많은 것 같은데 혹시 그해 유행하는 이름이 있어서 그런가요?"

"크게는 연월일시가 같은 사주의 아이라면 격(格)과 용신(用神)은 물론 운도 같아. 그래서 그런지 그해에 유행하는 이름이 있어. 마치 같은 작명소에서 지은 이름처럼. 달리 말하면 대한민국에만 최소 수백 명이 똑같은 사주와 이름을 가지고 있다는 것이지. 그런데 왜 연월일시와 이름이 같은데도 다른 운명으로 살까?"

"앞서 언급하신 것처럼 같은 사주와 이름이라도 김영삼 전 대통령과 경비 아저씨의 부모가 달라서 아닐까요?"

"맞아. 기업인, 장관, 판사 집안의 자식이냐, 막노동하는 집안의 자식이냐에 따라 똑같은 사주와 이름임에도 불구하고 팔자가 달라지는 거지. 이건 직업의 귀천을 따지는 것이 아니라 아이의 출발이 '금수저'냐, '흙수저'냐에 따라 운명이 달라진다는 거야."

"결국 출발의 불공평은 어쩔 수 없다는 말씀이신 거지요?"

"그렇지. 무조건은 아니지만 출발의 좋고 나쁨은 어쩔 수 없는 문제야. 시작의 다름, 곧 불공평을 인정해야 사주팔자를 이해할 수 있어. 빌 게이츠가 '인생이란 결코 공평하지 않다. 이 사실에 익숙해져라'라고 했어. 이 양반이 사주팔자를 좀 아는 건지. 하하."

이 이야기를 듣고 있던 지후는 불현듯 욱하는 마음이 들었다. 시애틀의 유명 로펌 변호사 윌리엄 게이츠의 아들로 태어난 빌 게이츠에게 한마디 해주고 싶었다. "당신이 모든 것을 새롭게 일궈야 하는 '흙수저'로 태어났어도 그런 소리를 할 수 있겠어?" '금수저'가 '흙수저'에게 현실 인정하고 살라는 비아냥거림으로밖에 들리지 않았다.

표정 관리가 안 되는 지후를 보며 상관없다는 듯 류 선생님은 말씀을 이어갔다.

"하지만 아직 욕 하긴 일러. 방법이 없는 것은 아니니까. 단, 작명·개명을 통해 운명을 바꾸려면 욕심을 버리란 거야. 사람들은 부자가 욕심이 많을 것이라 생각하지만 절대 그렇지 않아. 오히려 가난한 사람이 욕심이 더 많지."

"그게 무슨 말씀이세요?"

"부자들은 분수에 넘치는 것을 취하지 않아. 욕심을 부리지만 대박만을 노리지 않거든. 작은 성공, 중간 성공을 쌓아가며 대박이 터진다 생각하지. 오히려 갑작스러운 대박을 경계하기도 하고. 그런데 가난하고 어려운 사람들과 상담을 하다 보면 하루하루 사는 게 힘들어서 그런지 분수에

괜히 애쓰고 살았다

넘치는 한 방, 횡재수를 노려. 지금의 이 고단함을 단 한 번에 고쳐야 한다는 생각이 지배적이지. 복싱에서도 잽, 잽 날리다 훅이나 어퍼컷을 쳐야지 처음부터 훅 한 방 날릴 생각만 하면 힘만 빠져서 오히려 한 방 맞잖아. 훅 날리려다 훅 간다는 얘기지. 삶도 똑같아. 한 방이란 생각을 없애야 하루하루가 덜 고단해."

"선생님, 꼭 부자라고 해서 욕심을 덜 부리거나 가난하다고 욕심을 더 부리고 그런 건 아니지 않나요?"

"그렇지. 꼭이란 건 없으니까. 보편적으로 그렇다는 거지. 좀 산다 싶은 사람들도 욕심이 있지. 왜 없겠어? 하지만 무조건 원하는 날짜에 택일하고 사주에 걸맞지 않게 이름을 짓는 것이 왜 안 되는지를 설명하면 이해하고 차선의 방법을 수용하거든. 그런데 오히려 가난한 사람들이 욕심이 많아. 최고로 좋은 것만 원하고, 차선이란 것을 수용하지 못해. 스티브 잡스 정도 되는 운명의 이름을 원해. 그래서 그렇게는 안 된다고 하면 '다른 곳에서는 된다고 하던데 왜 여긴 안 돼요?'라는 식으로 받아쳐. 이렇게 말하면 솔직히 나도 봐주기 싫거든. 아니 그럼 본인 말대로 거기서 보지 왜 여기 와서 그런 식으로 얘기하는지 모르겠다는 거야."

"그렇게 말하는 사람도 있어요?"

"그럼, 많지. 본인 그릇 크기는 생각도 않고 이름만 바꾸면 운명 바뀌는 것으로 착각하는 사람들. 이름이란 게 내 사주에 부족한 기운은 채우고, 넘치는 기운은 빼주는 거야. 그래서 특별한 경우 아니면 굳이 이름을 바꿀 필요가 없어. 그런데 그냥 돈 벌 욕심으로 무조건 이름 안 좋다며 바꾸라는 점쟁이들이 있지. 그래서 잘 바꿔주면 괜찮은데 원래보다 못하게 개명하는 놈이 있어 문제 거지. 굳이 바꿀 필요 없는 사람에게 그럴 필요 없다고 하면 실력 없어서 그런가 하는 의심의 눈빛을 하곤 다른 곳으로 가는데 뭐 어쩌겠어. 그것도 본인 팔자지. 사주가 좋은 사람은 수용을 잘하고 반대인 사람은 외면하지."

괜히 애쓰고 살았다

대화를 주고받으면서 왜 부자가 계속 부자가 되고, 가난한 사람이 왜 가난할 수밖에 없는지 알 것 같았다. 그래서 부자가 되는 것도, 가난한 것도 과학이란 얘기가 나온 건 아닐까 생각했다.

"이름을 짓는다는 게 단지 부족한 것을 채우고 과한 것을 빼는 것만은 아닐 것 같은데요. 혹시 다른 의미에서도 중요한 점이 있을까요?"

"사주팔자건 작명이건 그 의미를 이해하기 위해서는 단어 하나하나에 숨어 있는 의미를 쪼개 보는 것이 중요해. 우리 선조들은 음양오행(陰陽五行) 사상에 기반해 어떤 것이건 하나의 의미로만 풀지 않았기 때문이지. 모든 것에는 빛과 그림자가 공존하고 있음을 알고 있었던 거야. 그래서 그 안에 숨어 있는 의미를 알고 나면 쉽게 이름을 짓거나 바꾸지 못하는 거고."

"개명, 작명이란 단어는 좋자고 하는 것인데도 빛과 그림자의 측면이 같이 있다는 말씀이신 거죠?"

"그럼, 내가 왜 이름 하나 짓는 것도 신중해야 하는지 그 의미를 얘기해 줄게. 名(이름 명)이란 글자는 '이름나다, 훌륭하다, 지칭하다'란 뜻이 있어. 이걸 확장해 보면 그 이름이란 건 '평판(評判), 소문(所聞), 명분(名分), 공적(功績)'과 같이 이름이 얻는 명성이 보이지. 결국 이름이란 공적을 쌓아 훌륭하게 되고 방방곡곡에 이름나는 거야."

"그냥 名은 이름을 지칭하나 보다 했는데 그 안에 다양한 뜻이 숨어 있네요."

"그렇지. 그럼 이번에는 作(지을 작)이란 글자를 볼까? 作은 '짓다, 만들다, 창작(創作)하다, 일하다, 행동(行動)하다'라는 뜻도 있어. 그런데 이 글자 안에 반전이 숨어 있지. 바로 '저주(詛呪·咀呪) 저'자로 불리며 남을 저주하고 씹는 마음도 들어 있는 거야. 한마디로 창조와 파괴가 동시에 존재하지."

"그래서 선생님께서 빛과 그림자가 공존한다고 말씀하신 거군요. 참 재밌습니다."

류 선생님은 담담히 말씀을 이어나갔다.

"'하늘이 맺어준 배필'이라는 의미로 사용되는 천작지합(天作之合)이란 사자성어가 있어. 우리는 일반적으로 合(합)이 들면 좋은 것으로 알고 있지만, 合(합할 합)은 作(지을 작)

괜히 애쓰고 살았다

과 마찬가지로 '싸운다, 깨진다'라는 부정적 의미도 있어. 한 글자 안에 긍정과 부정이 같이 존재해. 한자의 표면적 뜻이 좋고, 부르기 좋아 지었는데 만약 그 이름이 우리 아이의 운명에 안 좋은 영향을 미친다면 어떻겠어? 이 때문에 작명(作名)을 잘못하면 의도와는 다르게 재앙이나 불행이 일어나도록 비는 것이나 다름없지."

"합이 들었다는 말을 보통은 좋은 의미로 사용해서 부정의 의미가 있을 거라곤 상상도 못 했어요. 음양오행의 원리는 몰라도 한자의 뜻에 부정의 의미가 포함돼 있는지 보는 것도 중요할 것 같네요."

"맞아. 그럼, 이번엔 개명을 볼까? 改(고칠 개)자는 '고치다, 바꾸다, 만들다, 다시'란 뜻이 있어. 이에 더해 '따로'와 '새삼스럽게'란 좀 특별한 뜻도 있어. 따로는 '한데 섞이거나 함께 있지 아니하고 혼자 떨어져서', '예사의 것과 다르게 특별히'란 뜻이 있고, 새삼스럽게는 '이전의 느낌이나 감정이 다시금 새롭게', '하지 않던 일을 새로 해 갑작스러운 느낌이 들게'라는 뜻이 있지. 이 때문에 이름을 고친다는 것은 기존에 알던 사람들과 한데 섞이지 않으면서 예사의 것과는 다르게 특별한 의미를 담아야 하는 거지. 이렇게 함으로써 다른 이들이 나를 느끼는 감정이 다시금 새롭게 들게 만드는 거야. 개명이란 게 달리 말하면 새로운 인연을 만들게 하기 위함인 거지. 나는 그렇게 생각해."

"그렇다면 개명이란 것이 현재의 인연으로는 변화가 없기에 새로운 인연을 만들기 위한 것이라고 이해하면 될까요? '새 술은 새 부대에'란 말이 떠오르네요."

"한마디로 개명은 과거와의 결별을 통해 새로운 운을 만들 수 있도록 돕는 거야. 보통 사주팔자를 선천운, 이름을 후천운이라 하거든. 어쩌면 부족한 선천운을 보강하기 위한 수단으로 만들어진 것이 이름일 수도 있어. 타고난 사주팔자야 어쩔 수 없다지만 이름은 사람의 의지대로 결정할 수 있잖아. 이런 운을 보강하기 위한 것인데 사주팔자를 제대로 이해하지 못하고 이름을 짓는다는 건 그 자체가 상대에 대한 저주인 거지. 그럼에도 불구하고 돈 벌려는 욕심에 이름을 막 짓고 있으니 통탄할 노릇이 아닐 수 없어. 손님 중에 이런 사례가 있어."

"이름 좀 바꾸려고요."
"연월일시와 이름 한자를 알려주세요."
"연월일시는……. 이름은……."
"이름 누가 지어주셨어요?"

"원래 이름은 ○○○이었는데 2년 전 지인이 이름 바꾸고 많이 좋아졌다고 하길래 작명소 소개받고 이름을 □□□로 바꿨습니다. 그런데도 별로 좋은 일이 없어서요."

"사주팔자랑 개명한 이름(원래 이름도 마찬가지)이랑 전혀 맞지를 않습니다. 그리고 누가 이름 바꾸면 좋아진다고 그래요?"

"지인도 그렇다 하고 파동 성명학으로 하는 작명소에서도 그렇다고 하던데요."

"그런데 왜 손님 운이 안 바뀌었나요?"

"(황당한 듯 잠시 머뭇거리더니) 이름 바꾸면 운도 바뀐다는 말에 개명한 것인데……. 솔직히 지금 상황을 보면 이름 바꾼 게 잘한 것인지 모르겠습니다. 예전 이름이 나은 것도 같고."

"솔직히 말씀드리면 손님의 원국 사주가 별로입니다. 이런 사주로는 이름을 바꿔도 별로 도움이 되지 않아요."

"(얼굴이 붉으락푸르락 달아오르며) 아니 뭐 그런 식으로 말씀하세요! 이름 바꾸면 운명이 바뀐다고 하던데!"

"아니, 안 바뀌어서 왔다면서요."

"그건 그렇지만……."

"저야 손님이 이름 바꾼다면 돈 버는 일이니 땡큐지요. 하지만 이 사주로는 이름 바꿔도 크게 도움이 되지 않는다는 거예요."

"그럼 저는 이름을 바꿔도 별 소용없을 만큼 팔자가 안 좋다는 말인가요?"

"꼭 그렇진 않습니다. 하지만 굳이 바꿀 필요까지는 없다는 말입니다. 그나마 한 3년만 더 고생하면 39세부터는 형편이 나아집니다. 그때까진 '나 죽었다' 생각하고 조용히 지내세요. 일 만들지 마시고요."

"그럼 혹시 운을 당길 수 있는 그런 방법 같은 거 없을까요? 부적도 쓰고 뭐 그런 거요."

"뭐 부적은 아무 때나 쓰고, 쓰기만 하면 다 된답니까? 돈만 쓰는 거예요. 안될 때는 뭘 해도 안 됩니다. 팔자는 거스를 수 없어요."

이후 그 손님은 류 선생님과의 대화를 끝내고 바로 나갔다고 한다. 아마도 사주 쇼핑을 떠났을 것이라면서. 하지만 선생님은 단호하게 안 되는 것은 안 되는 것이라고 말씀을 하셨다. '그냥 이름 바꿔주고 돈이나 벌까!'라는 생각도 들긴 하지만 양심과 자존심이 허락하지 않아 포기한다는 것이다.

"그래도 이름을 바꾸면 운이 조금 나아지지 않을까요?"

"맞아, 지후야. 운이 바뀌진 않아도 좀 나아지긴 하니까.

이름이란 것은 계속 강조했듯이 사주에 대한 보강 정도야. 동네 병원 간호조무사가 서울대병원 간호조무사로 옮길 수는 있다는 거야. 그런데 의사는 못 해. 그래도 서울대 간호조무사면 누군가 '어디 다니세요?' 하고 물었을 때 '서울대병원 다녀요' 할 수 있잖아. 그런데 동네 의원이면 '병원에서 일해요' 하잖아. 이름값이란 이런 거야. 그 이상도 그 이하도 아냐. 그래도 누군가에겐 얼마나 말하기 좋아. 서울대병원이라고."

이렇게 설명을 듣고 나니 이름을 바꾼다는 것이 어떤 건지 이해가 됐다. 운명은 거스를 수 없어도 주어진 운명 안에서 좀 더 나은 방법이란 것이 존재한다는 사실을…… 이걸 수용하는 것이 지혜일 것이란 생각을 했다.

"선생님, 그럼 작명, 개명은 어떻게 하는 것이 좋을까요?"

"좋은 이름이란 사주를 기본으로 오행의 기운을 추출해 해당 글자를 찾아야 하고 한자 획수는 길한 수리(數理)로 구성돼야 해. 글자 하나하나를 분리해서 흉한 의미를 지닌 글자를 배제하고 작괘(作卦, 이성에 따른 이분법과 지성으로 조작하는 작괘 행위) 추론을 통해 길한 의미를 담아내야 귀한 이름이 나오지. 나는 작명이고 개명이고 손님이 원하는 이름

을 몇 개 생각해 오라고 해. 이름이란 것이 남이 불러서 좋
기도 해야겠지만 본인이 불렀을 때 좋은 이름이어야 하잖
아. 이름을 몇 개 가지고 오면 그 사람의 사주팔자에 맞는
한자를 찾아 이름을 완성해 주는 거지. 이래야 맞는 거야.
안 그러면 작명하는 사람 입맛대로 짓기 때문에 입학식 때
똑같은 아이들 이름이 많은 거야. 무슨 공장 기성품도 아니
고. 내 운명, 내 자식 운명인데 남에게만 맡기면 되겠어? 적
어도 내 운명을 논하는 일인데 내가 직접 참여해야 맞는 거
지. 그래야 이름 불릴 때 좋은 거야. 진짜 내 이름이니까."

듣고 보니 맞는 말이다. 우리가 직접 이름을 지을 때는 내
의중이 반영되면서 정작 작명소에 맡길 때는 알아서 지어주
길 바라니 말이다. 그리고 작명소에 이름을 맡길 때 단순히
싸서 맡길 거라면 더욱이 직접 지으란 말을 해주신다. 적어
도 부모가 직접 지으면 정성은 있지만, 공장에서 찍어내듯
이 싸게 이름 짓는 업자는 그런 영혼도 없기 때문이란다.

이름, 운명을 바꾸진 못해도 운을 보강하는 것임은 분명
하다.

괜히 애쓰고 살았다

성형수술로 운명이 바뀐다는데
정작 성형외과는 왜 망하는 거지?

"선생님, 이름만큼이나 궁금해하는 것이 성형수술로 사주팔자, 운명을 바꿀 수 있냐는 겁니다."

"작명, 개명과 마찬가지야. 절대 운명을 바꿀 순 없어. 이름처럼 운을 보강할 수 있을진 몰라도……. 백범 김구 선생의 관상에 관한 일화가 있어. 열일곱 살에 과거를 보러 갔다가 매관매직의 타락상을 본 백범은 부친의 권유에 따라 풍수와 관상을 공부하게 되거든. 그런데 관상을 공부하다 보니 정작 자신의 상은 평생 가난하고 천한 흉상(凶相)이었던 거야. 얼마나 싫었겠니!

相好不如身好(상호불여신호)
얼굴 좋은 것이 몸 건강한 것만 못하고,
身好不如心好(신호불여심호)
몸 건강한 것이 마음 착한 것만 못하고,

心好不如德好(심호불여덕호)

마음 착한 것이 덕성 훌륭한 것만 못하다.

그런데 책에서 위 구절을 발견하고 마음을 제대로 닦아 사람 노릇을 하겠다는 뜻을 세우게 되는 거지. 이후 우리 모두에게 존경받는 백범 김구 선생이 된 거야."

그즈음 백범이 본 책은 관상학의 정수로 불리는『마의상서(麻衣相書)』로, 중국 초나라와 한나라를 거쳐 당나라에 이르기까지 관상학을 집대성한 '마의선인'의 책이다. 그『마의상서』에는 재미난 일화 한 편을 소개하고 있다. 하루는 마의선인이 길을 걷던 중 관상에 죽음의 그림자가 깃들어 볼품없게 생긴 머슴이 나무하러 가는 모습을 발견했다. 그 머슴에게 "얼마 안 있어 이승을 떠나게 될 것 같으니 무리해서 고생하지 말게"라고 말한 후 그곳을 지나갔다.

머슴은 그 말을 듣고 낙심해 하늘을 바라보며 탄식하다가 계곡물에 떠내려오는 나무껍질 위에서 수많은 개미 떼가 물에 빠지지 않으려고 발버둥 치는 것을 보았다. 그 머슴은 자신의 신세와 같은 개미들에게 연민을 느끼고 나무껍질을 물에서 건져 개미 떼들을 모두 살려주었다.

괜히 애쓰고 살았다

며칠 후 마의선인은 우연히 며칠 전의 머슴과 다시 마주치게 됐는데, 그 총각의 얼굴에 어려 있던 죽음의 그림자는 이미 자취를 감추고 오히려 30년 넘게 부귀영화를 누릴 관상으로 변해 있었던 것이다. 마의선인은 그 머슴의 얘기에 충격을 받고 자신이 지은 책인 『마의상서』 제일 마지막에 아래의 글귀를 추가로 기록한다.

觀相不如心相(관상불여심상) 心相不如德相(심상불여덕상)
관상은 심상만 같지 못하고, 심상은 덕상만 같지 못하다.

이 이야기를 쭉 하던 류 선생님은 불현듯 지후에게 물었다.

"어떤 생각이 드니? 생긴 꼴보다 마음이 중요하단 생각이 들어? 마음을 곱게 쓰면 운명도 바뀔 거 같아? 이게 듣기는 참 좋은 말인데 웃기는 얘긴 거지."

"마음을 곱게 쓰고 덕을 쌓는 게 나쁜 건 아니잖아요!"

"누가 나쁘다 했어. 말이 안 된다는 얘기지. 잘 봐라. 며칠 전 세상 떠날 관상이라 했는데 개미 떼 한 번 살려주고 30년 넘게 부귀영화를 누릴 관상으로 변한다면 그동안 왜 이렇게 힘들게 산 거니? 저 정도 심성이면 그동안에도 덕을 쌓고 살았을 것 같은데……."

"그러니까요. 마음 곱게 쓰는 거랑 부귀영화 누리며 오래 사는 거랑 아무런 상관관계가 없을 것 같은데 말이에요. 우리 주변을 보면 오히려 독하고 나쁜 놈이 잘살고 착한 사람은 희생만 하는 경우가 많은데 이게 과연 맞는 말인가 싶습니다."

"맞아. 이런 얘기가 나온 배경에는 타고난 상이나 팔자가 바뀌지 않는 것에 대한 위로가 숨어 있는 게 아닌가 싶어. 30년 부귀영화를 누린다 한들 머슴의 지위는 바뀌지 않아. 이런 말이 어쩌면 희망 고문이 될지도 몰라. 사주 관점에서 보면 저 머슴은 원래 죽을 팔자가 아니었던 거지. 그리고 머슴이지만 나름 부귀영화를 누릴 팔자였던 거고. 부귀(富貴)는 재산이 많고 지위가 높음이고 영화(榮華)는 몸이 귀하게 되어 이름이 세상에 빛남이란 뜻을 가졌기에 혹시 인생 역전이 됐나 싶지만, 그랬다면 정승이 됐다는 이야기까지 실렸겠지. 결국, 머슴 중 으뜸이 됐을지언정 머슴 팔자는 변하지 않았다는 사실이야."

"선생님 말씀을 듣고 보니 그렇네요."

"백범 김구 선생님은 본인이 상을 본 것처럼 평생 가난하고 흉상이었던 것이 맞아. 독립운동을 하다 보니 평생 가난을 면치 못했을 것이고, 독립운동을 위해 일본군을 죽일 수밖에 없었으니 흉악한 흉상이 맞겠지. 그런데 사람을 죽이는 흉상이니 나쁜 거야? 우리 대한민국 입장에서는 독립을 위한 정당한 행위였던 거야. 가난하고 흉상인 팔자를 그대로 사셨지만 이렇게 귀한 분이 우리에게 있었던 것만으로도 우린 행운인 거지."

이 두 이야기를 듣고 나니 관상이란 것이 맞는 것 같기도 하고, 틀린 것 같기도 했다. 그리고 팔자대로 사는 것이 과연 나쁜 것일까 하는 생각도 들었다.

"사람들은 마음을 다잡았기에 운명이 바뀌는 것으로 생각하잖아. 그런데 그게 아냐. 사주팔자에 운이 들어왔기에 마음도 다잡게 되는 거지. 내가 마음먹어 바뀌었다고 하는 것은 마음의 위로인 것이지 사실이 아니란 거야. 이 말이 맞으려면 그동안은 마음을 먹지 않아 안 바뀐 거야? 노력 안했어? 도전 안 했어? 그럼 왜 안 됐어? 안 되는 시기엔 그냥안 되는 것이고, 운이 들어오면 잘될 뿐이야."

"그럼 노력이나 도전이 필요 없다는 말씀이세요?"

"아니지. 노력과 도전은 삶에 있어서 기본인 거지. 이것도 안 하는 사람이 운명을 논한다는 것 자체가 웃긴 거야. 다시 강조하지만 노력을 하고 마음을 다잡았기에 운명이 바뀐 게 아니란 거야. 운이 들어와서 바뀐 거지. 이 미묘한 차이를 알아야 해."

"나는 어떻소? 사내들이 나를 안 좋아하오."
"풋……. 옜다(말하면서 먹다 버린 수박씨를 코에 붙여준다)."
"뭐요, 이게?"
"둥그스름한 게 고운 얼굴이나 남들에 비해 눈에 띄지 않으니 이러면 사내들이 줄줄줄줄 따를 것이니라."

영화 〈관상〉에서 김내경(송강호 분)과 기생과의 대화인데 이후 이 기생은 인기를 한 몸에 얻게 된다. 점 하나 찍는 것만으로 이런 변화가 생기다니 놀랍지 않은가? 하지만 영화를 좀 더 보면 한 가지 사실이 눈에 띈다. 사내들의 눈에 들고 인기를 끌었을지는 몰라도 기생 팔자 그대로란 사실!

점 하나 찍는 것이 인기 비결이란 것을 그대로 믿고 행동했기에 인기를 누리는 것이지 그 운마저 없었다면 기생 팔자에서도 고전을 면치 못했을 것이다. 그런데 만약 노력에 운까지 더해지면 기생 팔자에서 후궁까지 가는 장녹수가

괜히 애쓰고 살았다

되는 것이다. 노력으로 얻어지는 것은 단지 노력의 결과이며 노력에 운까지 더해지면 신분 상승까지 된다는 것이다. 이게 바로 사주명리학에서 말하는 운이란 것이다. 이제 노력이 어떤 의미이고, 사주팔자란 것이 무엇인지 이해가 됐을 것이다.

성형해서 예뻐지고 잘 생겨지면 자신감이 생겨 삶에 변화가 생기는 것은 분명하지만, 그 자신감 이상 이하도 아닌 것이다. 팔자에 남자가 없는 여자인데 성형을 해서 결혼한 후 보란 듯이 따지러 오는 사람이 있다고 한다. '보라고, 나는 결혼했다고!' 하지만 그대는 곧 다가올 운명의 장난을 알고 있는가? 이런 상(사주)은 남편이 죽거나 이혼을 하게 된다. 결국 남자 없는 팔자대로 가는 것이다.

"지후야, 성형으로 팔자를 바꿀 수 있다고 하는 사람들 있잖아. 그럼 고치면 되지, 왜 그렇게 힘들게 사니? 그리고 장사가 안돼서 망하는 성형외과도 많은데 그 성형외과 의사는 왜 본인 얼굴 성형할 생각은 못 했을까? 어렵게 따질 거 없이 조금만 생각해 봐도 그냥 답이 나오잖아."

"그렇네요. 성형으로 팔자를 바꿀 수 있다면 힘들게 살 필요가 없는데. 자신감이 생기니 운이 좋아졌다고 착각한 것 같아요."

"그런데 웃긴 게 있어. 성형하려고 하는 애들을 보면 운명에 변화가 좀 감지되더라고."

"그게 무슨 말씀이세요?"

"성형을 해서 운명이 바뀌는 것이 아니라 운명이 바뀔 때가 되니 성형이라도 시도해 본다는 거야. 취업을 하려는데 그냥 실력만으로는 답이 없을 것 같아. 성형이라도 좀 해야 경쟁력이 생길 것 같은 거야. 이런 마음이 들어야 성형도 하지, 운이 안 들어오면 그럴 생각을 아예 안 하거든. 요즘 취업할 때 성형 많이 하잖아. 뽑는 쪽에서도 이왕이면 다홍치마라고 예쁘고 잘생긴 애를 뽑잖아. 성형 한 번도 생각 안 한 사람이 성형 생각을 할 때쯤에는 당연히 운의 변화가 온 거라고 보면 돼.

대학 다닐 때 1년 선배가 있었어. 학점 좋고 기사 1급도 있던 선배야. 그런데 본인 말로 공부 못하는데 취업 잘하려고 잠 줄이며 공부하다 원형 탈모증이 생겨서 눈썹이 다 빠졌어. 눈썹 없으니까 괴물 같더라고. 실력이 있으니 서류 전형은 다 통과하는데 면접만 가면 '꽝'인 거야. 면접에서만 스무 번 넘게 떨어졌어. 그런데 눈썹 문신을 그린 후 단박에 합격했어."

류 선생님도 지후도 깔깔거리며 웃었다.

"성형해서 합격한 거잖아. 그럼 성형해서 운이 바뀐 거니? 아니란 거야. 운이 바뀌니까 성형할 생각도 했던 거지. 성형해서 운이 바뀌는 것이라면 왜 스무 번 넘게 떨어지다 눈썹 문신을 그렸겠어? 스무 번 떨어진 후 마음이 바뀐 이유는 그때 운이 왔기 때문인 거지. 운이 없으면 실력만 믿고 계속 도전해. 성형 생각을 아예 못하는 거지. 그리고 운이 없단 소리를 하지. 맞아, 걔 운 없는 거야. 본인이 잘 알고 그런 소릴 하잖아. 운 좋으면 벌써 성형할 생각을 했겠지."

"성형해서 운이 바뀐 게 아니라 운이 바뀌려니 성형을 한 거다……. 한 끗 차이 같지만 어마어마한 차이를 만드네요."

"말을 지지리도 안 듣던 애가 어느 날 부모님의 말을 듣는 건 이제 말을 들을 때가 돼서 바뀐 건데, 부모 입장에서는 내가 기도하고 울며불며 호소해 드디어 그 결과가 나온 것이라 믿는 거지. 그리고 아이도 같은 생각일 수 있는데 그 말이 맞으려면 왜 이전에는 그렇게 울며불며 호소해도 안 바뀐 걸까? 덜 울고 덜 기도해서 그런 거야? 그렇게 믿고 싶으면 어쩔 수 없지. 쌀을 빨리 수확하겠다고 아무리 물 주고 관리해도 결국 가을이 돼서야 벼가 익듯이 사주팔자도 마찬가지야. 그때가 돼 그렇게 되는 것이지 애를 더 써서 된 것이 아니란 거야."

"시시각각 변하는 파도만 본 격이지.
바람을 보아야 하는데⋯⋯.
파도를 만드는 건 바람인데 말이오."

영화 〈관상〉 속의 명대사다. 세상사에 일어난 표면적인 것 뒤에 숨어 있는 맥락을 이해해야 한다. 결국 사주팔자란 표면에 드러난 운명의 결을 본 후 그 속에 숨어 있는 맥락을 짚어내는 것이기에⋯⋯. 파도가 아닌 바람을 보아야 사주팔자가 이해된다.

괜히 애쓰고 살았다

즉문즉답, 둘

❓ 우리 아이가 공부를 안 하는데 커서 뭐가 될지 궁금해요

"우선 돈이 잘 돼 있나 봐. 장사를 할 건지도 보고. 공부를 안 한다고 하면 재성(財星)이란 게 잘 발달돼 있거든. 학교 다닐 때 공부 못했는데 사업가 돼서 나타나는 애들이 그런 경우야. 사회성 빨리 키워서…… 돈이 발달돼 있는 애들은 공부를 못하게 돼 있어. 돈과 공부는 같은 시기에 공존할 수 없어. 특히 어렸을 때.

공부 잘해서 돈 버는 애들은 대기업 또는 중소기업 임원이 되는 거고 보통 사업하는 애들은 공부를 잘 못해. 공부를 못하는데 돈이 잘돼 있어. 공부머리와 일머리, 사업머리는 다르거든. 상관성(傷官星)이 있으면 똑똑해. 그런데 공부는 못해. 조직 생활도 안 되고. 그래서 사업을 많이 하는 거야. 부모 중에 아이가 공부 아닌 것 시키면 제법 머리를 잘 써서 공부를 하면 잘할 거 같아 시켜. 그런데 못해. 상관성은 그냥 흥미로운 삶이야. 공부머리만 안 좋아. 이런 애들일수록 본인에게 맞는 아이템 하나 만나면 있던 머리 없던 머리 다 돌려서 성공을 만드는 거지. 그러니 어렸을 때 공부 안 한다고 너무 걱정할 필요가 없다는 거야."

? 우리 아이가 연예인을 한다고 하는데 시켜야 하나요?

"연예인들은 거의 다 상관이야. 잘생기고 예뻐서 연예인 해도 되겠다고 하는데 상관성이 없으면 불가능해. 예쁘다고 다 연예인이 되는 게 아니고 못생겨도 연예인이 돼. 그럼 상관성이 있다고 모두 연예인이 되느냐 그것도 아냐. 상관 중에는 미용하는 사람도 많으니까. 미용하면서 상관성이 강한 사람은 차홍 원장처럼 방송에도 나가고 하는 거야. 기본적으로 매스컴을 타려면 상관이란 글자가 존재해야 해. 그게 없으면 잘 안 돼. 지나가는 길에 인터뷰 한 번 정도는 가능한데 방송에 지속해서 나갈 수는 없는 팔자란 거지.

보통 점집에 가면 도화가 있어야 연예인이 된다고 하는데 도화는 그런 게 아냐. 상관성이 있어야 연예인이 되는 거야. 상관성은 예체능, 말하기 교육, 언어 등을 말하는데 술예성(戌藝星)이란 글자에 해당하는 게 없으면 안 되는 거야. 도화살이란 끼가 있는 게 아냐. 상관성이 끼가 있는 거지. 도화는 한 동작을 반복하는 거야. 노래 하나 나오면 같은 노래에 같은 춤을 반복하는 게 도화야. 한 노래를 가지고 6개월가량 활동하며 같은 춤을 추는 거지. 상관이 연예인이야. 가수와 탤런트는 달라. 도화에 가까운 것은 가수, 반복적인 것 상관은 버라이어티, 유재석같이 모든 것을 다양하게 소화해내는 사람을 말하는 거야. 상관성은 폭이 넓어. 노래 잘하고 연기도 잘하는…… 미용, 연예인, 아나운서, 국회의원이 다 같은 직업이야. 아나운서 하다가 국회의원 하는 고민정 같은 경우가 상관성이 강한 거지. 표면적으론 다른 직업 같지만 사주명리학에서는 같은 직업이란 거야."

괜히 애쓰고 살았다

? 중독이라고 다 같은 중독이 아니다

"선생님, 술·도박·마약·중독 같은 것도 사주에 나오나요?"

"그럼, 나오지. 사주엔 탕화살(湯火殺)이란 글자가 있어. 탕화살 있다고 다 그런 건 아니지만 탕화살 있는 사람들이 음주, 도박, 마약에 빠지기 쉬워. 그런데 이 탕화살이 대운에 제거되는 경우가 있는데 이때 일시적으로 중독에서 벗어나는 거지."

"그런데 30년 이상 담배 피우다 끊어버리는 사람이 있고, 끊었다 피웠다 끊었다 피웠다 반복하는 사람도 있잖아요."

"사주 원국을 봐야 해. 원래 탕화살이 있는지 없는지를. 중독도 사주 원국에 있으면 끊는 것이 쉽지 않아. 끊은 것 같지만 항상 스탠바이 돼 있는 거지. 대운이 들었을 때 잠시 끊을지 모르지만 결국 끊을 수 없어. 예를 들어 어떤 애가 친구 잘못 만나서 고스톱을 치는 게 아니라, 고스톱을 잘 치는 DNA가 이미 내재해 있다가 어느 날 한번 시작하면 중독이 시작된다는 거지. 그래서 잘 고쳐지지 않는 거고."

"보통은 친구 잘못 만나 우리 애가 나쁜 길로 접어들었다고들 하잖아요."

"맞아. 그런데 그게 아니란 거지. 원래 가지고 태어난 거란 말이야. 결혼한 후 도박이고 담배고 잠시 끊는 것은 속 차려서 그런 것이 아니고 대운의 시기에 잠시 끊어졌다가 어느 시기가 지나가면 다시 나타나. 그런데 몇 년 지나 다시 시작하면 사람들은 결혼할 때 속 차렸나 싶더니 또 시작이네 하는 거지. 원래 있던 것이 대운 때 잠시 없어졌다 다시 드러나게 되는 것일 뿐이야. '세 살 버릇 여든 간다'란 말이 뭐겠니! 안 변한다는 거야."

"게임도 도박, 술, 마약과 같은 중독인 거죠?"

"아냐, 게임은 상관성이란 것을 써먹는 거야. 다른 중독은 탕화살을 쓰고. 그래서 달라. 중독은 중독이지만 내용이 완전히 달라. 게임은 프로게이머 되잖아. 같이 미친 것 같지만, 얘는 돈을 벌고 나머지는 폐인이 되고."

"그런데 게임하는 사람 중에도 폐인이 되는 경우가 있잖아요."

"그게 도박 게임 또는 스포츠 토토로 가는 거냐, 스타크래프트로 가는 거냐로 갈리는 거야. 같은 게임이라도 도박성 게임인지 단순한 게임인지는 완전히 다른 거지."

"도박 게임이 아니고 스타나 리니지를 하면서도 폐인이 되는 경우가 있는데요."

"뭘 해도 내기로 가는 애들이 있어. 단순한 게임인데. 단지 스타나 리니지 한다고 폐인이 되진 않아. 실컷 하다 어느 시기가 되면 안 하지. 그리고 게임을 열심히 하는 애들은 내버려 둬도 돼. 잘해서 돈을 벌 수도 있잖아. 그리고 이런 애들은 뭔가 하겠다고 하면 해. 뭔가 연속성, 지속성이 있는 거야. 도박은 손목을 잘라야 하고, 술은 정신병원에 가야 하지만, 게임 중독은 조금 다르다는 거지. 중독도 정해져 있어."

"게임 중에 부모님들이 좀 걱정하는 게 총 쏘는 게임 같은 거예요. 머리통 날리고 피가 막 튀다 보니 폭력성이 생길까 우려를 나타내기도 하거든요."

"전혀 상관없어. 그런 게임이 좋은 건 아니겠지만, 아무리 머리통 날리고 피 튀기는 게임을 해도 폭력성이 안 생기는 애들도 있고 게임을 안 해도 폭력성이 도드라지는 경우가 있어. 사주 원국에 원래 폭력성이 있는 애들이 폭력적이고 행동에 옮기는 거지. 폭력성 없는 애들은 아무리 게임 해도 그러질 않아. 설령 잠시 잠깐 살인 충동은 생길지 언정 실천을 못 해."

괜히 애쓰고 살았다

호랑이가 돼지에게 달려든 이유
(feat. 합&충)

궁합이란 얘기를 할 때 종종 등장하는 단어가 있다. 바로 원진살(元嗔煞), 상충살(相沖煞)을 피하고 합이 들면 좋다는 거다. 원진살은 부부간에 까닭도 없이 서로 미워하는 한때의 기운으로 쥐띠와 양띠, 소띠와 말띠, 범띠와 닭띠, 토끼띠와 원숭이띠, 용띠와 돼지띠, 뱀띠와 개띠는 서로 꺼린다고 한다.

상충살은 쥐띠와 말띠, 소띠와 양띠, 호랑이띠와 원숭이띠, 토끼띠와 닭띠, 용띠와 개띠, 뱀띠와 돼지띠로, 사람이나 사물이 서로 어울리지 않고 맞서게 만들고, 설혹 만나게 되면 서로를 해치거나 깨지게 만든다는 독하고 모진 기운이다. 그럼 합은 좋고, 살은 나쁜 것인가? 궁합을 보러 와서 제일 많이들 하는 이야기를 해보려고 한다.

"지후야, 합(合)이란 것이 어감이 어때?"

괜히 애쓰고 살았다

"긍정적 요소가 많을 것 같아요."

"그럼 살(煞)이란 말은 어떻고?"

"살이란 단어는 살해, 살인처럼 뭔가 죽음을 의미할 것 같아 기분이 좋지 않아요. 그리고 농담 섞자면 다이어트 최대의 적도 살일 테니 이 살은 없어져야 할 것 같아요."

"하하. 안 그래도 궁합 보러 오면 다들 살이 있냐고 물어봐. 마른 분이 오면 없다고 하고, 통통한 분이 오면 살이 있다고 나도 농담해. 다들 살이 있으면 안 좋다고 하는데 꼭 그렇지 않아. 미신인 거지. 그 말이 맞으려면 쥐와 양, 소와 말은 원진살이니 다 못 살아야 하잖아. 그런데 잘 사는 사람도 많아. 범과 원숭이는 상충살이 껴서 안 좋다고 하는데, 이 사람들 중에도 잘 사는 사람들이 있고 못 사는 사람들도 있어. 이 때문에 원진살, 상충살이 들면 못 산다는 말은 맞지 않는 거지."

"저도 결혼 전에 상충살이 껴서 안 좋다는 얘기 많이 들었거든요. 그런데 살고 있잖아요."

"잘 사는 건 아니고?"

"부부, 아니 가족끼리 살고 있는 것 자체가 잘 사는 거 아닌가요?"

"하하."

류 선생님과 지후는 맞장구치며 대화를 이어나갔다.

"수준 낮은 점쟁이들도 그렇지만 일반인들도 어딘가에서 들은 게 있어서 이 둘이 안 좋다는 말들을 많이 해. 지인이나 친척 등 주변 사람 중에 그런 일이 있었다는 것을 근거로 말이야. 그런데 그건 자기 주변의 이야기지 전체를 따지고 보면 맞는 얘기가 아니란 거지. 원진살, 상충살인데도 잘 사는 부부가 있고, 합이 들었는데도 헤어지는 사람이 있어. 합이 들면 좋다면서 왜 헤어질까?"

"안 그래도 그게 궁금했습니다. 합이 들면 좋다면서 왜 으르렁대고 싸우는지."

"우선 합(合)이란 글자를 한번 볼까. 합은 일반적으로 더하는 개념으로 이해하다 보니 연인 관계를 이야기할 때 합이 들었다는 것을 긍정적으로 이해하곤 하지. 그런데 합이란 글자엔 반전이 숨어 있어. 앞서 작명 이야기를 하면서

괜히 애쓰고 살았다

작(作)이란 글자도 '짓다, 만들다'란 뜻 외에 '저주(詛呪·咀呪) 저'자로도 불리며 창조와 파괴가 동시에 존재한다고 했던 것처럼 말이야."

"그럼 합도 부정의 의미가 숨어 있다는 말씀이세요?"

"맞아. 합은 '합하다, 모으다, 맞다, 대답하다'란 뜻은 물론 '싸우다, 짝, 합(그릇)'이란 뜻도 있어. 짝을 이루는 것은 필연적으로 싸움을 수반하는 것임을 말해주는 거지. 작(作)처럼 긍정과 부정의 뜻이 공존해. 그렇기에 무조건 좋거나 나쁘기만 한 것은 없어. 좋은 게 다 좋은 것이 아니고 나쁜 게 다 나쁜 것만은 아니란 거지."

"선생님 말씀을 듣고 나면 한자가 재밌어져요. 하늘에서 삶의 문제를 풀 수 있는 시크릿 코드를 심어 놓은 것 같이 느껴지기도 하고요. 합이란 뜻에 싸움이 있고 그릇이란 단어가 있으니 좋은 것 같기도 하지만 깨질 수도 있겠다는 생각이 들어요."

"이해 잘하는걸. 인해합(寅亥合)이라 해서 범하고 돼지하고 합이 들었다고 해. 육합(六合)이라고 좋다고 하지. 자석에 쇳가루가 달라붙듯 착 달라붙는 게 합이야. 그러니 범이 돼지를 만나면 달려들지. 잡아먹기 위해 전력 질주를 다해 꼬드기는 거야. 그런데 범이 덤벼들면 돼지가 그냥 먹히지 않아. 수돼지의 경우에는 싸울 때 장난이 아니거든. 결국 먹힐 거지만 먹히지 않으려고 필사적으로 싸우는 과정에서 호랑이도 상처를 입어. 뿔에 받힌단 말이지. 그래도 결국 돼지를 잡아먹었어. 그런데 이놈의 호랑이가 돼지를 잡아먹고 나면 마음이 변해. 호랑이 입장에선 다 됐잖아. 결혼했고. 내 것이 된 거잖아. 그때부터 방임하는 거야."

"듣고 보니 합이란 게 웃기네요. 범 입장에서는 돼지가 먹거리 그 이상도 이하도 아니었던 거네요. 그런데 돼지 보고 달려드니 좋아서 그런가 보다 하는 것일 테고…… 이 얘기를 듣고 있자니 앞서 언급했던 〈관상〉 속 명대사가 다시 떠오르네요. '시시각각 변하는 파도만 본 격이지. 바람을 보아야 하는데……. 파도를 만드는 건 바람인데 말이오.' 달려드는 표면적인 이유만 봤지 그 이유를 만들고 있는 속을 보지 못한 거네요."

"맞아. 그래서 결혼 전엔 하늘의 별도 따다 줄 것처럼 애기하다가 결혼 후엔 언제 그랬냐는 듯 변하는 거야. 식모댁이 되는 거지. 이게 합이야. 묘술합(卯戌合)도 마찬가지인데, 개가 토끼를 쫓아가는 것이 좋아서 그런 걸까? 아니야. 사

괜히 애쓰고 살았다

냥하려고 쫓는 거지. 쫓아간다는 표면적 행위를 보고 좋아서 그런다고 생각하지만 결국 좋아서 그런 게 아니란 거야. 개와 토끼가 싸우는 틈을 이용해 제3자가 이익을 얻는다는 견토지쟁(犬兎之爭)이나, 사냥하러 가서 토끼를 잡으면 사냥하던 개는 쓸모가 없게 돼 삶아 먹는다는 토사구팽(兎死狗烹)을 보더라도 개는 토끼를 잡기만 할 뿐 사랑하지는(?) 않잖아. 이게 합인데 좋니?"

"그러게요. 그렇다면 합이 들었다고 좋을 것도 없고, 원진 상충이라고 해서 나쁠 것도 없다는 말씀이신 거죠?"

"그렇지. 상충인데 잘 살고 합이 들었어도 깨지니까. 이게 다 '전설의 고향' 같은 얘기지. 그런데 우리나라 술사들의 95%가 궁합을 이렇게 본다는 사실이야."

"그러면 왜 이렇게 보죠?"

"사주에 대한 이해와 지식 체계가 짧아. 나머지 것으로 보려니 어려워. 그러니 수월하면서도 대화가 잘되는 합이 들었네, 상충이네 하면 그게 잘 맞히는 것 같아. 손님들에게 잘 먹혀. 알아듣기 편하니까 손님과의 커뮤니케이션도 잘 되잖아."

"그렇죠."

"가끔 좀 더 공부한 술사들이 '여기서 이렇게 보는 것이 아니다', '반합, 천간합, 육합으로 본다' 등등 이렇게 얘기해. 그래도 천간합은 약간 일리가 있어. 예를 들어서 갑(甲)이란 글자가 나무고 기(己)라는 글자가 흙인데 나무랑 흙이랑 만나면 서로 없는 글자가 있으니까 좀 좋을 수 있겠다는 생각은 들어. 서로 보완할 수 있는 글자가 있으니까. 너무 똑같아도 못 살잖아. 상대편에게 없는 매력이 있어야 끌리고⋯⋯. 내가 갖지 못한 것을 보면 그게 좀 더 빛이 나고 부럽잖아. 그런 의미로 나무와 흙이 만나면 좋다는 얘기는 할 수 있지만, 꼭 맞지는 않는다는 거야."

"없는 것을 보완하면 좋아지는⋯⋯. 궁합도 이름처럼 균형을 맞추는 것 같네요."

"맞아. 그런데 중요한 건 이게 아니란 거지. 원래 사주 원국에는 이혼할 것인지 아닌지가 이미 정해져 있기 때문에 이혼하는 사주는 합이 들어도 이혼하고 이혼하지 않는 사주는 충이 들어도 이혼을 안 해. 그래서 이혼하는지 안 하는지, 사별인지를 먼저 체크해야 하는 거야."

괜히 애쓰고 살았다

"그럼 합이건 충이건 물으러 왔을 때 싫지는 않으니까 왔을 거잖아요. 착하든지, 능력이 있든지, 예쁘고 잘 생겼든지."

"꼭 그렇진 않아. 당사자들이 좋아서 묻기도 하지만 헤어지려고 물어보는 경우도 많거든. 상대가 지긋지긋한데 언제 헤어지나 궁금해서 묻는 거지. 안 맞는 이유를 확인하고 싶기도 하고. 그리고 시어머니 될 사람은 잘 맞는지 보려고 오고, 친정엄마 쪽은 떼어 내려고 묻는 경우가 많아. 꼭 그렇지는 않지만."

"그럼 궁합을 보러 와서 둘 다 이혼할 팔자가 있는 경우에는 뭐라고 말하세요? 이혼하니까 만나지 말라고 하시나요?"

"아니. 내가 결혼하지 말라고 해도 하게 돼 있어."

지후가 황당한 표정을 하며 그게 무슨 말이냐고 되물으니, 2018년 겨울 사주팔자를 믿지 않는 한 여자 이야기를 하기 시작했다.

"둘이 안 맞아요."
"안 그래도 안 맞는 것 같아 이별하려고 하는데 혹시나 하는 마음에 확인해 보려고 한 거예요."

"그런데 둘이 결혼합니다."

"('개 풀 뜯어 먹고 있는 소리 하네'라는 표정을 지으며) 네? 결혼요? 제가 방금 헤어지려고 한다는 말씀 못 들으셨어요?"

"들었지요. 게다가 둘이 안 맞다 얘기한 것도 전데요. 그런데 둘이 마음이 있고 없고는 중요치 않아요. 내년 봄에 결혼 운이 들어와 결혼합니다."

"(어처구니없다는 듯) 아니, 무슨 그런 경우가 다 있어요. 제가 지금 싫어서 안 만나려고 하는 건데요. 결혼 생각은 더욱이 해본 적이 없고요."

"그건 손님 생각이고, 사주팔자에 정해진 운명이란 것은 내가 믿고 안 믿고를 떠나 그대로 됩니다. 무조건 와요."

"솔직히 말씀드리면 제가 원래 이런 거 잘 믿지도 않고 처음 보는 건데 이런 얘길 듣고 나니 내가 왜 이런 걸 봤나 싶네요. 들어온 내가 미쳤지. 뭐 말 같지도 않은……."

"맘대로 생각해요. 본인이 믿든 안 믿든 그렇게 될 거니까."

"이렇게 말하니까 쌩하니 나가더라고. 이런 반응이 이해는 돼. 안 믿고 싶겠지. 헤어질 생각으로 들어온 사람에게 결혼까지 한다고 말했으니 말이야."

"정말 그랬겠는걸요. 저 같아도 안 믿었을 거 같아요."

"그런데 1년도 채 지나지 않아 그 여자가 다시 찾아왔지. 갑작스럽게 결혼을 하게 됐다면서. 남친과 5년 동안 만난 정도 있고, 이 여자와 다르게 그 남자는 헤어지길 싫어했다는 거야. 울며불며 매달리는 남친과 마지막 이별 여행을 떠났는데 이게 화근이었던 거지. 덜컥 임신이 됐어. 평소 피임을 했기에 5년 동안 문제가 없었는데 신혼여행도 아닌 이별 여행에서 임신이 된 거야. 그런데 일이 이상하게 꼬이려니 6개월도 안 되는 그 짧은 시기에 결혼에 유산까지 하게 됐고."

"여자분 완전 '멘붕(멘탈 붕괴)'이었겠는데요. 헤어지려고 했던 남자니까요."

"그럼, 영혼이 가출했더라니까. 그러니 그 짧은 결혼생활도 순탄치 않았고. 임신 때문에 결혼한 거니 미치겠지. 누군가는 '아니, 싫으면 결혼을 하지 말았어야지. 애초에 말도 안 되는 이별 여행이란 것을 가서 말이야!'라고 할 수도 있겠지만 그런 게 아니란 거야. 단지 결혼 운이 든 것일 뿐. 결혼 운이 들었으니 헤어진다는 사람들이 이별 여행을 가고, 5년 동안 피임약 먹으면서 한 번도 문제가 없었는데 덜컥 애까지 생기고, 애 생겼다고 꼭 결혼할 일도 아닌데 귀신에 홀린 것처럼 갑자기 결혼도 하게 되고. 안 믿고 싶겠지만 내 의지와는 상관이 없어. 사주팔자에 오기로 한 것은 그냥 올 뿐이야. 그게 좋은 것이든, 나쁜 것이든."

 # 앞 사례자와의 대화

"정말이지 뭐라 말씀드려야 할지 모르겠어요. 결혼한 지 얼마 안 돼 이런 말씀 드리는 것이 좀 그렇지만 아무래도 이혼할까 싶어요. 유산까지 하고 나니 감정 변화가 심해져 그런지 남편이 더 꼴 보기 싫고요. 솔직히 그냥 다 싫습니다."

"어차피 이혼합니다."

"네? 무슨 말씀이세요?"

"올해 4월에 결혼했잖아요. 그런데 올겨울 지나기 전에 이혼합니다. 그냥 깨져요."

"뭐 이런 경우가 다 있을까요?"

"팔자에 남자가 없어요. 재혼해도 또 헤어집니다. (손님 눈 똥그랗게 변하고) 그러니 그냥 애인 하나 만들어 지내요."

"좀 어이없네요. 사랑받고 살고 싶었는데……."

"애인은 사랑 안 해준대요? 꼭 결혼해서 가정 꾸려야 사랑받는 거예요? 다들 그냥저냥 못 헤어져 삽니다. 헤어지는 것도 팔자라고 헤어지고 싶어도 못 헤어지는 팔자도 있어요. 이에 비하면 손님은 그나마 나은 거지요. 솔직히 변호사에 돈도 잘 벌고 있으니 남자 만나는 일은 어렵지 않잖아요!"

괜히 애쓰고 살았다

"안 그래도 다른 건 다 제 뜻대로 되는 것 같은데 이 남자 문제는 이상하게 잘 안 돼요."

"사주팔자란 것이 완벽하게 다 좋지는 않아요. 의사 남편인데 평생 바람피우고 그런데 돈은 많이 갖다주고, 노가다 일당 뛰면서 돈은 많이 못 벌어도 아내에게는 지극 정성인 경우가 있어요. 둘 중에 뭐가 좋아요?"

"참, 그렇네요."

"이게 팔자예요. 능력 있는 놈이 지극 정성까지 보이면 좋겠다는 생각이 욕심입니다. 뭐 하나가 좋으면 뭐 하나가 빠지는 것이 세상 이치입니다. 손님은 능력 있으니 사랑받으려 하지 말고 멋진 놈 만나면서 사랑을 주세요. 그럼 되잖아요!"

"그러니까 결혼하지 말고 그냥 애인이나 만들고 살란 말씀이시죠?"

"네. 팔자에 배우자가 없으면 이혼 안 해도 사별합니다. 손님은 그냥 혼자 사는 게 맞아요. 그리고 지금 남편과는 결국 헤어지게 되니 더 이상 고민하지 말아요. 고민해도 안 해도 헤어질 건데 고민할 필요 없잖아요. 내가 결혼할 거라고 했을 때 안 믿었지만 결혼했잖아요. 이혼도 사주에 나와 있어요. 결국 그리 되는 것이니 '내 팔자가 왜 이 모양인가?'라고 자책도 말아요. 그냥 수용하는 게 지혜로운 겁니다. 알겠지요?"

"네, 알겠습니다."

얘기를 다 듣고 난 지후는 잠시 좀 어안이 벙벙해졌다. '아니, 뭐 이런 경우가 있나' 싶기도 했고 운명을 거스를 수 없다는 점 때문에 혼란스럽기도 했다. 정말 운명은 정해져 있단 말인가? 아무리 애써도 바꿀 수 없다는 건가? 수용하는 것만이 정답일까 하는 의문이 들었다.

"사정을 모르는 사람들은 표면적인 현상을 보고, 가벼운 여자라 할 수 있어. 그런데 감히 누가 이 여자의 삶을 두고 좋다 안 좋다, 옳다 그르다 할 수 있을까? 이 손님은 잘나가는 변호사야. 직업적으로 보면 잘하는 거고, 삶을 보면 답답한 거니? 그럼 일 못하고 이혼 안 하면 잘 사는 거니? 모두 만족할 수는 없어. 부모 좋으면 내 아이가 말썽을 일으키고, 아이가 괜찮으면 배우자가 문제고, 배우자가 좋으면 부모가 또 힘들게 하고……. 하나가 좋으면 하나는 좀 빠지는 게 인생이야."

"들으면 들을수록 뭐 하나 딱 떨어지는 것이 없는 거 같아요. 좋기만 한 것도, 나쁘기만 한 것도 없는 것 같고요. 사주팔자 이야기를 들으면 들을수록 욕심을 내려놔야 속 편하겠다는 생각이 들어요."

"맞아. 그게 순리(順利)야. 순리!"

괜히 애쓰고 살았다

궁합은 이기적인 거야, 그러니까 깨지지

"지후야, 너는 궁합을 왜 보러 온다고 생각하니?"

"지금 만나고 있는 사람과 잘 맞는지, 혹은 만나고 싶은 사람과 잘 맞는지 보려고 하는 것 아닐까요? 그리고 선생님이 앞서 언급하셨던 것처럼 헤어지기 위한 타당성을 찾기 위한 것도 있을 테고요."

"이 말도 맞는데 본질적으로는 나 좋자고 보는 거야. 나에게 유리한지 아닌지를 확인하기 위한 것이지. 부모로서는 내 새끼 잘되라고 보는 거지, 남의 새끼 잘되라고 보는 게 아니란 거야. 솔직히 궁합 보러 와서 '제가 저 사람에게 맞는 사람일까요? 저는 이 여자의 든든한 후원자가 될 수 있을까요?'처럼 상대방 입장에서 묻는 사람을 본 적이 없어. 거의 다 '이 사람 저한테 잘 맞아요?', '이 남자 지금 잘나가는데 중간에 망하진 않겠지요?', '결혼하면 처가에서 사업자금을 좀 대줄 수 있을까요?' 등등 모두 본인 입장에서 득을 볼 수 있는지 물어. 말이 '우리 둘이 잘 맞나요?'지 솔직히 본인에게 좋냐 나쁘냐를 따지는 게 궁합이야."

"듣고 보니 그렇네요. 저도 궁합이란 게 둘이 잘 맞는지를 보는 것이라 생각했는데, 선생님 말씀을 듣고 보니 굉장히 이기적인 마음에서 출발하네요. 그러니 합이니 충이니 살이니 하는 것들은 모두 거추장스러운 말일 뿐 결국 깨질 수밖에 없는 구조란 생각이 드네요."

"맞았어. '이 사람이 저와 잘 맞나요?', '결혼해도 문제없을까요?', '그이 사주에 재운이 보이나요?', '사위 될 사람이 바람이 나진 않겠지요?' 벌써 질문이 이기적이잖아. 내가 상대에게 맞을지, 결혼해도 문제가 없는지, 상대를 만족시킬 재력이 있는지, 행여 내가 바람이 나진 않을지를 묻는 것이 아니라 내 필요한 조건을 상대가 맞출 수 있는지에 초점이 맞춰져 있어. 한마디로 상대를 위한 것은 하나도 없는 거지."

"서로 좋자고 하는 것이지 꼭 나만 좋자고 이렇게 묻는 것은 아니라 하겠지만, 결국 나를 위한 마음이 70~80% 이상 되는 것은 부정할 수 없다는 거네요. 이러니 내가 원했던 조건에서 조금만 벗어나도 마음이 흔들리겠네요."

괜히 애쓰고 살았다

"그렇지. 나에게 맞는 사람을 찾은 것이니 그 조건이 제거되면 상대에 대한 마음도 차갑게 식는 거지."

"그럼 궁합을 볼 필요가 없는 것 아닐까요?"

"꼭 그렇진 않아. 적어도 궁합을 보면 완벽한 상대는 아니라도 내가 제일 이상적으로 생각하는 상대를 찾아줄 수 있으니까. 그래서 나는 보통 '배우자가 어떤 사람이면 좋겠어요?' 하고 묻지. 그런데 여러 가지를 대답하면 다 듣고 나서 정말 그 사람에게 딱 이거 하나는 있었으면 좋겠다고 생각하는 게 뭔지 다시 물어봐. 그럼 보통 대부분 멈칫한 후 딱한 가지만 말해야 하냐며 되물어. 두세 가진 안 되냐는 거야. 되는데 우선 하나만 말하라고 하지."

"아니, 왜 딱 한 가지만 말하라고 하세요?"

"왜냐하면 네 마음에 드는 게 두세 가지나 있는 사람이 너를 왜 만나냐 되묻고 싶은 거지. 예를 들어 잘생기고 능력 있는 남자, 착하고 섹시한 여자를 찾는 사람이 있어. 그럼 그 상대도 네가 그런 사람이길 원하거든. 그런데 본인은 정작 못생기고 능력 없으면서 잘생기고 능력 있는 남자를 원하면 과연 찾아질까? 그러니까 더도 말고 덜도 말고 이거 하나만 있으면 나는 참고 살겠다는 것 하나만 말하라고 하는 거지."

"아, 네. 본인 현실은 생각지도 않고 이상적인 사람 찾지 말란 말씀이시죠?"

"맞아. 현실적인 접근을 해도 살까 말까인데 여러 가지를 원하면 답이 있겠어? '나는 다 필요 없고 돈 많은 사람이면 괜찮아' 하면 상대가 돈을 많이 벌 수 있는지를 봐줘. '다른 건 몰라도 밤일을 잘해야 해' 하면 밤일 잘하는지 봐주지."

"아니, 밤일 잘하는지 이런 것도 사주팔자에 나오나요?"

"그럼. 애무를 잘하는지, 사정하고 바로 잠자는지, 변태적 성향이 있는지, 오래 하는지, 빨리 끝나는지, 잘 느끼는지, 교성이 나오는지, 성욕이 넘치는지 적은지, 변강쇠인지 옹녀인지도 나와. 사주팔자에 뭐는 안 나올까? 그러니까 지후 너는……."

"저는 묻지 않았습니다. 그냥 하던 얘기 하시지요."

"이렇게 한 가지만 원하면 문제될 게 없어. 그런데 서 있으

괜히 애쓰고 살았다

면 앉고 싶고, 앉으면 눕고 싶은 게 사람 마음이지. 이왕이면 예쁘고 착한 여자를 찾고, 능력 있고 나만 바라봐 주는 남자를 원해. 그런데 한 가지 알아야 할 것이 있어. 돈 많은 남자 주변에는 여자가 넘쳐. 그러니 바람나기 쉽지. 그런데 착하면 무능하고 돈을 못 벌어. 반대로 섹시하고 예쁜 여자가 착할 수 있을까? 나 좋다고 따라다니는 남자가 한 트럭인데 어떻게 착하겠니! 한 가지가 좋으면 한 가지는 빠지는 것이 인지상정이지."

"약간은 좀 극단적인 비유가 아닐까요? 능력 있고 배우자만 바라보는 사람도 종종 있잖아요."

"지후야, 그런 경우가 얼마나 있니? 네 말대로 능력 있으면서 배우자만 바라보는 남자가 있긴 하지. 그런데 네가 그 집 속사정을 알아? 보이는 게 다가 아니란 거야. 네 말대로인 사람을 예전에 상담한 적이 있어. 결혼 7년 차인 미인한 분이 온 적이 있었는데, 애 둘 키운 여성이라고는 믿기지 않을 정도로 몸매 관리를 잘한 분이었어. 얘길 하다 보니 사내 모델까지 했더라고. 그런데 어떤 고민 때문에 왔는지 아니?"

지후가 모르겠다는 표정으로 머리를 긁적이자 류 선생님

은 계속 말씀을 이어갔다.

"애가 둘이고 결혼 7년 차인데 결혼 후 잠자리를 총 다섯 번 했다는 거야."

"네? 다섯 번요? 에이, 아니겠지요. 무슨 남편이 스님이래 요? 혹시 바람난 거 아니에요?"

"바람 안 났어. 스님도 아니고."

"그건 어떻게 아세요?"

"사주에 나오니까 알지."

"그래요? 그것도 나와요?"

"그럼. 나오지! 이 여자분 사주를 보면 성욕이 강해. 그런 데 하도 잠자리를 안 해주니까 미치는 거지. 그래도 사주에 격이 있어 어디 나가서 바람피울 수 있는 여자가 안 돼. 오 매불망(寤寐不忘) 남편만 바라보고 있는데 이 인간이 안 해 주는 거지. 이 얘기를 이모에게 하니까 바람난 거 아니냐고 했다는 거야. 그래서 겸사겸사 궁금해 찾아왔던 거지."

괜히 애쓰고 살았다

"그럼 결혼 전에는 관계를 안 했었나 보지요? 이렇게 안 하는 남자인 걸 몰랐던 걸 보면요."

"아냐, 솔직히 섹시하고 예쁜데 안 달려들 남자가 어디 있니? 연애할 때는 그렇게 하자고 하더니 결혼 후에는 이 핑계 저 핑계 대면서 안 한다는 거야. 상관성이 강한 여자와 결혼하고 나면 남자들이 바람피우는 게 아닌데도 관계를 잘 안 하거든. 그런데 남편이 회사에서는 초고속 승진에 아이들하고도 잘 놀아주고, 외식도 자주 하고, 설거지까지 해준다는 거야. 그러니 주변에서는 남편 잘 만났다는 말들을 많이 한대. 아이들도 아빠 좋아하고. 그러니 더 미치는 거지."

"그러게요. 여자분이 예쁘고 애도 둘이니 누가 부부관계 안 하고 산다고 하겠어요. 게다가 남편은 잘나가니 더없이 화목한 가정처럼 보일 거고요. 그런데 성욕이 강한 여자분 입장에서는 결혼 후 다섯 번 밖에 잠자리를 못 가졌으니 얼마나 답답하겠어요."

"정말 돌겠다고 하더라고. 아니 일 년에 다섯 번도 모자랄 판에 결혼 7년 동안 다섯 번이 뭐니? 그런데 주변에서는 여자가 예쁘고 애도 둘이니 당연히 잠자리 자주 할 거로 생각하겠지. 막말로 능력도 없고 애들한테도 못 하면 고민도 안 하고 이혼하겠는데, 이건 뭐 잠자리 빼고는 다 잘해주니 어디 가서 하소연도 못 한다는 거야. 속사정 자세히 모르면 여자가 발정 나서 저런다고 할 거 아냐."

"정말 미칠 노릇이네요."

"남자가 상관성이 강하면 잘해주려는 습성이 있어. 그러니 애들도 잘 보고, 외식도 하고, 설거지에 청소, 쇼핑까지 따라가면서 섹스만 안 하는 거지. 이 부부는 둘 다 상관성이 강한데 만약 부부관계가 좋으면 사별할 가능성이 커. 아니면 남편이 무능력하거나. 그런데 남자가 능력도 좋고 굉장히 잘나가니까 부부관계를 안 하는 거지. 사주팔자란 게 묘(妙)해서 다 좋게는 안 되는 거야."

"들으면 들을수록 신기하네요. 좋기만 한 것도, 나쁘기만 한 것도 아닌……. 남의 떡이 더 커 보이지만 스트레스도 그만큼 클 수 있겠네요."

"그렇지. 그래서 내가 말한 것이 결코 극단적이지 않다는 거야. 오히려 한 가지만 봤을 때 살 만한 이유가 많아지는 거지. 이 여성분도 결혼 전 나한테 왔으면 딱 한 가지 원하는 게 뭐냐고 물었을 거야."

"그럼 이 여자분에겐 뭐라고 하셨어요?"

"바람도 못 피울 팔자니 성인용품점에 가서 자위기구라도 하나 사가라고 했지. 좀 당황스러워하는 거야. 다른 방법은 없냐고 하면서. 너무 답답하니 정말 이혼도 생각하고 있더라고. 그래서 내가 다시 물었어. '이혼하면 저 정도 능력 있고 친절한 사람과 재혼할 수 있겠어요? 그럼 잠자리 자주 하고 능력은 좀 없어도 괜찮을까요? 능력 있는데 바람은 피워도 괜찮아요?' 말이 없더라고. 사주팔자는 안 변하니 이 안에서 수용해야 한다고 했어. 한 가지를 취하고 나머진 포기해야 한다고 했지. 혹시 두 개까지는 가능할지 몰라도 세 개까지는 어렵다고."

"사주팔자란 게 잘 듣고 생각해 보면 욕심을 덜 부리게 만드네요. 오히려 나는 상대에게 하나 이상을 요구할 수 있는 그런 사람인지 돌아보게도 하고요."

"맞아. 궁합이란 것은 최소한 내가 제일 중요하게 생각하는 것 하나는 찾게 해주잖아. 이걸 받아들이고 나면 마음이 편해져. 세상이 다시 보이는 거지. 허황한 욕심이 없으니까. 이 여자분은 어떤 선택을 했을 거 같아? 결국 몇 날 며칠을 고민하다 성인용품점에 들렀고 지금은 내 단골손님이야. 하하."

"제가 이 여자분 입장이었다면 어떻게 했을지 궁금하네요. 선뜻 답이 안 나와요."

"그런데 그거 알아? 배우자는 내가 선택하는 게 아니고 이미 정해져 있다는 것을?"

"아니 그건 또 무슨 말씀이세요?"

"사주에는 배우자 자리가 이미 정해져 있어. 돈이 많은 사람인지, 바람피울 사람인지, 단명할지, 무능한지, 나쁜지, 좋은지 모두. 그래서 내가 아무리 고르고 골라도 결국 내 배우자 자리에 있는 사람 이상을 만나지 못한다고 하는 거야. 그러니 좋은 사람 고르려고 괜히 애쓰지 말라는 거야."

"배우자 자리가 이미 정해져 있는데 왜 사주와 궁합을 보나요?"

"개중에 나은 사람을 고르기 위함이지. 최선은 아니라도 차선은 찾아야 할 거 아냐. 사주명리학은 애쓰지 않아도 그리될 플랜A가 아닌 혹시 모를 인생의 문제를 해결할 수 있는 플랜B를 제시해주거든. 예를 들어 돈 많은 사람과 결혼할 건 정해져 있는데 그래도 폭력성은 덜한지, 변태 성향의 기질은 없는지 등을 엿볼 수 있다는 거야. 그래서 내가 사주팔자를 '인생의 커닝 페이퍼'라고 하는 거지. 살짝 엿볼 수 있으면 불안감이 덜하잖아. 인생이란 시험지를 앞에 두고 내가 혼자 다 풀어내야 한다면 얼마나 부담스럽겠니. 평소 철저히 준비하며 살아야 하겠지만, 급할 때 커닝 페이퍼 살짝 보는 것도 지혜로운 거잖아. 사주명리학은 차선의 차선을 찾아주는 위대한 학문이야. 멋지지 않냐?"

"오~ 멋져요. 선생님이 다시 보여요."

"인마~ 나 원래 멋졌거든! 하하."

지후는 류 선생님의 얘기를 받아 적으며 많은 생각에 잠겼다. 궁합이 깨지는 것이라곤 하지만 욕심을 덜 부리면 내가 원하는 한 가지는 정확히 취할 수 있다는 것을 알게 된 것이다. 이걸 수용하면 깨질 일도 덜 하지 않을까란 생각을 했다. 그리고 사주팔자란 것이 내 인생을 살짝 엿볼 수 있는 커닝 페이퍼란 사실이 위안을 주었다. 풀다가 못 풀면 살짝 엿볼 수 있는 무언가가 있다는 사실이. 사주명리학 너, 정말 매력적이다.

착하면 무능하고,
잘나면 바람난다

"'착한 것 보고 결혼했는데 능력이 너무 없어요. 못 살겠어요. 살아야 하나요?'라는 질문들을 자주 해. 결혼 전에 나에게 왔으면 적어도 이 얘긴 안 할 텐데 말이야."

"그러게요. 선생님께서 궁합은 하나만 보는 거라고 강력하게 말했을 테니 이 질문은 안 나왔겠죠. 그런데 보통 다른 곳에서 궁합 보면 다 좋다고 했을 것이니 이런 질문이 나오는 것도 당연할 것 같긴 해요."

"사주에서 보통 남편이 능력 없는 구조는 착하고 약해. 돈이 있으면 착할 수가 없어. 남의 것을 끌어와야 하는데 어떻게 착할 수 있겠어. 한마디로 착한 건 돈이 없다는 것의 다른 말이야. 그런데 여자는 현실적이야. '돈 욕심이 있다, 없다' '사랑만 먹고 살 수 있다, 없다'에서 사랑만 먹고 살 수 있는 구조가 못 돼. 돈 없으면 어림없는 거야. 사랑 없이는 살아도 돈 없이는 못 살아. 이게 보통의 여자야."

"이건 당연한 것 같아요. 남편이 착하기만 하고 무능하면 현실적인 여자 입장에서 속은 본인이 터져야 하니 살맛이 안 날 것 같아요."

"반대로 돈 많은 부자 사주는 신강재강(身强財强)이라고 해서 나도 강하고 돈도 강한 거지. 단점이라면 여자를 끊임없이 취한다는 거야. 이 여자도 내 거, 저 여자도 내 거야. 내 거 남 못 줘. 그런 구조들은 다른 사람에게 내 여자를 절대 안 줘. 원래 그래. 욕심이 많아. 그렇게 끌어오는 습성이 강하니 부자인 거야. 그런데 남자가 돈이 많으면 이혼이 구조적으로 잘 안 돼. 여자가 힘들어서 이혼 고민을 많이 하지만 참는 구조로 가거든."

"돈이 많아서 이혼을 안 하는 것이 아니라는 말씀이신가요?"

"모르는 사람들은 남자가 돈이 많으니까 여자가 이혼을 안 한다고 생각하는데 그런 게 아냐. 사주 구조상 돈이 많은 남자들은 여자들과 이혼이 잘 안 되는 구조인 거지. 사주 구조가 원래 그렇다는 거야. 그래서 고통 속에 참고 사는 것이야."

"이혼이란 게 내가 마음먹으면 할 수 있을 것 같은데 그게 내 의지와 상관없나 봐요."

"그럼. 대기업 회장, 검사, 의사 등이 성매매를 하다 걸려도 이혼이 잘 안 되는 이유는 사회적인 눈 때문에 이혼을 안 하는 것이 아니라 사주 구조적으로 이혼이 잘 안 되는 거야. 아니 솔직히 회장님 사모님 정도 되면 돈이 없어서 이혼을 못 하겠니? 아니잖아. 이혼하고 싶어도 못 할 이유가 계속 생기는 거지. 그런데 반대로 돈 없는 사람은 이혼이 잘 돼. 이게 사주 구조란 거야."

"신기하네요. 저는 돈 때문에 살고, 돈 없어서 이혼한다고 생각했는데, 그게 아니고 사주 구조가 그렇다고 하니까요."

"그래서 자주 물으러 오는 거야. '우리 남편이 바람이 났는데 여자 좀 떼 주세요.', '언제까지 참고 살아야 하나요?', '만나는 여자는 언제 떨어지나요?' 하면서 하소연하러 오는데 그게 쉽지가 않아. 그런데 남자는 여자가 바람나면 절대 못 살아. 사주 구조가 남자, 여자는 완전히 달라. 여자가 불리한 구조지."

"안 그래도 남자는 바람피우면서 집으로 돌아갈 생각을

괜히 애쓰고 살았다

하는데 여자는 바람나면 애고 뭐고 그냥 뒤도 안 본다는 말들 하잖아요."

"맞아. 그게 명암부집(明暗夫集), 명부(明夫, 남편)가 있는데 사주 속에 또 다른 숨겨진 암부(暗夫, 애인)가 집합돼 있다는 뜻), 관살혼잡(官煞混雜)이라고 씌어 있어. 정통도주(情通逃走, 정분나서 도주하는 사주)야. 남자는 바람나도 이 여자도 내 거, 저 여자도 내 거 하지만, 여자는 탕치면 정통도주라 해서 그냥 딴 남자에게 가게 돼 있어. 여자는 남자보다 바람이 덜 나지만 한 번 바람나면 애고 남편이고 없어. 그냥 끝이야."

"바람을 피워도 결과가 참 다르네요."

"맞아. 그래서 바람피우는 형태도 달라. 바람피울 때 남자는 유부남일 경우가 많고, 여자는 유부녀일 경우가 드물어. 남자는 이혼이 잘 안 되는 구조라 유부남이 많고, 여자는 바람이 나면 이혼이 잘 되니까 유부녀가 별로 많지 않은 거야. '돌싱'(이혼한 사람)인 거지. 남자는 이혼하지 않은 상태에서 다수의 여자를 상대하지만, 여자는 보통 현 남편을 자르고 다음 남자를 만나. 보통은 이 사람 저 사람 상대를 잘 안 해. 사주 구조가 완전히 다르지."

"남자 중에도 조강지처를 버리는 사람이 있지 않나요?"

"있지. 그런데 하나 명심해야 할 일이 있어. 정실부인을 버리면 재물에 손실이 가기 시작해. 첩실을 두더라도 조강 지처 버리면 끝이란 거야. 정실부인을 두고 바람을 피우면 욕은 먹을지언정 망하지는 않아. 바람나더라도 조강지처를 일 순위로 두란 것이지. 정실부인은 벤츠 사주고, 내연녀는 그랜저 사주란 거야. 조강지처를 천하게 여기고 내연녀를 위하는 순간 '폭망'이란 거지. 바람을 안 피우는 게 우선이 지만, 바람피우는 것도 원래 사주가 그런 거니 욕할 수만도 없잖아. 단, 조강지처가 우선이란 점만 명심하란 거야. 꼭!"

"그럼 혹시 여자도 남자처럼 바람이 났을 때 남편을 우선 하는 구조도 있나요?"

"없어. 여자는 바람난 순간 이미 남편은 마음에서 지워진 상태야. 안 걸리면 그냥 살지만 걸리면 바로 '내가 나갈게!' 하는 거지. 안 걸리면 주변 시선 때문에라도 그냥 사는데 걸리면 바로 끝이야. 그런데 남자들은 와이프가 싫은 게 아 니고 그냥 옆집 여자가 예쁜 거야. 그러니 이 여자도 내 거, 저 여자도 내 거 하는 거야. 철없이."

괜히 애쓰고 살았다

"왜 여자분들이 남편 보고 큰 아들이라 그러는지 알 것 같아요. 그런데 혹시 정실부인이 남편 바람피우는 문제로 오면 뭐라고 말씀하세요?"

"돈이라도 잘 벌어오니 참으라고 하지. 그 부를 모두 포기할 자신 있으면 이혼해도 된다고 하고. 그런데 더 중요한 건 배우자 자리에 이미 이혼 여부가 정해져 있다는 거야. 내가 원한다고 되는 게 아니라고 했잖아. 그래서 정해야 하는 거야. 착하고 무능한 사람과 살지, 잘 나고 바람피우는 인간하고 살지. 어떤 경우가 더 참을 만한지. 사주팔자는 좋기만 하거나 나쁘기만 한 게 없어. 들여다보면 다 비슷비슷해."

인연법(因緣法)은 금전운을 채워주는 하늘의 선물

인연이라고 하죠. 거부할 수가 없죠.
내 생에 이처럼 아름다운 날 또다시 올 수 있을까요.
고달픈 삶의 길에 당신은 선물인걸.
이 사랑이 녹슬지 않도록 늘 닦아 비출게요.

-이선희, 〈인연〉 가사 중 일부 발췌

인연(因緣)은 사람들 사이에 맺어지는 관계 또는 어떤 사물과 관계되는 연줄이다. 불교에서는 인(因)과 연(緣)을 아울러 이르는 말로, 인은 결과를 만드는 직접적인 힘이고, 연은 그를 돕는 외적이고 간접적인 힘을 일컫는다. 한마디로 모든 것은 독립·자존적인 것이 아니며 관계 속에서 서로를 돕는 직간접적인 힘이라는 것이다.

"류 선생님, 우린 인연이란 말을 종종 하는데 혹시 궁합도 인연법과 관계가 있나요?"

"비슷한 것 같지만 달라. 부부의 인연법이 따로 있거든."

괜히 애쓰고 살았다

"부부간 궁합 말고 인연법이 따로 존재한다는 말씀이신 거죠?"

"어, 맞아. 궁합하고 부부 인연법은 또 달라. 궁합은 부부 인연법의 한 파트라고 생각하면 돼. 부부 인연법은 경제적 문제를 해결해 주는 거야. 이혼할 사주는 이혼을 하게 돼 있어. 그런데 인연법에서는 이혼을 막아주는 인연법의 띠가 따로 있거든."

"그래요?"

"어. 내 띠와 상대의 띠를 보는 게 아니고 내 사주 구조와 상대편 띠를 보는 거야. 사주에는 태어날 때 형살(刑殺; 사고, 수술, 불화, 형액(刑厄) 등을 조장하는 기운)이란 게 있어. 이 형살이 있으면 돈이 없고, 관재수도 많고, 삶에 굴곡도 많아. 그런데 형살이나 충(沖) 같은 글자를 없애주는 띠가 있다는 거지. 그게 인연법이야. 형살은 이혼과는 별개의 문제야. 잘사는 사람도 이혼은 하잖아."

"아, 그럼 인연법이란 이혼은 할 수 있는데 사는 동안 삶에 굴곡이 좀 덜하고 경제적으로는 큰 불편이 없게 만들어주는 인연의 띠가 있다는 말씀이신 거잖아요."

"그렇지. 형살을 막아주는 띠가 있는 거지."

"그럼 연인이나 부부 말고 동업이나 뭔가 같이 일을 해야 할 때 나와 맞는 사람인지 보는 것도 인연법이라 볼 수 있나요?"

"그럼. 그것도 인연법이야. 그런데 봐봐. 주변에 보면 욕심 많은 사람들이 있잖아."

"네, 있지요."

"욕심 많은 사람하고 일을 하면 내가 뺏기겠어, 안 뺏기겠어?"

"뺏기겠죠. 그런데 욕심 없는 사람하고 일을 하면 좀 답답한 것도 많잖아요."

"맞아. 착하면 무능하니까."

"그런데 또 욕심 있는 사람과 하면 내가 다 뺏길 거 같고……. 어찌할 바를 모르겠네요."

괜히 애쓰고 살았다

"자, 봐봐. 내 사주에 금전운이 엉켜 있어. 그런데 내 금전운이 엉키는 것을 막아주는 상대편 띠가 있어. 그러면 상대가 욕심이 있고 없고를 떠나서 내 금전운을 보강해 주니까 나에겐 도움이 되는 거야. 남들이 볼 때는 '쟤 욕심쟁이야, 쟤랑 하면 안 돼, 너도 당할걸'이라고 말하겠지만, 나에겐 도움이 되는 거지."

"신기하네요. 왜 그런 거 있잖아요. 다른 부분에선 사사건건 말다툼이 많은데 일만큼은 둘이 척척 맞는 경우요. 이런 것도 인연법의 일종인가요?"

"맞아, 인연법은 인간관계, 감정 그런 게 아냐. 재물이지. 상대방이 싹수없고 욕심까지 많지만, 내 경제적 리스크는 해결해 주는 거지. 일이란 게 인간관계까지 딱 맞을 필요는 없잖아. 자기감정대로 상대방 성격 좋은 것만 찾으면 금전적으론 계속 어려운 거지."

"내 금전운이 엉키는 것을 막아주는 띠가 있다는 게 신기해요. 그게 인연법이란 것도요."

"인연법이란 게 나 혼자 했으면 망했을 텐데 상대방이 내가 있는 리스크, 돈이 엉킨 걸 풀어준다는 거지. 지후 너만 봐도 바로 알 수 있잖아. 혼자 투자하고 일할 땐 그렇게 망하더니 오영일 선생님과 함께 한 후로는 네 리스크가 확 줄었잖아. 리스크 준 게 뭐니? 네가 그 짧은 시간에 수익 10배 이상을 냈잖아. 이게 바로 인연법이란 거야."

"안 그래도 그 점이 되게 신기했어요. 혼자 창업하고 투자하고 했을 땐 다 된 상황에서도 찬물 끼얹는 상황이 많이 발생했는데 이번만큼은 그런 일이 없었으니 말이에요. 운도 좋았던 것 같고요."

"맞아. 왕기가 들어와 운도 좋았던 게 사실이지만 네 엉킨 금전운을 풀어주는 띠가 있었던 거지. 그게 오영일 선생님이고."

순간 지후는 오영일 선생님과의 인연을 생각하며 잠시 생각에 잠겼다. 60대 여자와 40대 남자. 둘은 한 갤러리에서 우연히 만나게 됐고 끝 모를 대화를 시작했었다. 일산과 양평, 편도 108㎞. 그 누가 시킨 것도 아닌데 지후는 이 긴 거리를 옆집 드나들 듯하면서 인생의 변곡점을 만들기 시작한 것이다. 오영일 선생님은 지후가 부족했던 실질적인 경제 지식, 인간관계, 세상 사는 지혜를 생활 속에서 보여주었고 지후는 그 모든 걸 빠르게 흡수해 나가기 시작했다. 그

괜히 애쓰고 살았다

리고 1년도 안 되는 사이 많은 변화, 특히 경제적 성과를 맛보고 있는 상황이었다. 이게 과연 운만이었을까? 아님 인연법에 의한 시너지 효과까지 더해진 것일까? 지후는 이 모든 것이 하나의 원인만은 아니리라 생각했다.

"류 선생님, 그럼 누구에게나 본인이 가지고 있는 경제적 리스크를 해소해 주는 인연이 존재한다는 말씀이신 거죠?"

"그렇지. 하지만 모든 사람에게 인연법이 적용되는 건 아냐. 본인 사주에 리스크가 없는 사람은 인연법이 필요 없거든. 본인 사주의 힘으로 가는 거야. 너처럼 형살이나 충 때문에 리스크 있는 사람들이나 인연법이 필요한 거지."

"그렇군요. 혹시 성격도 잘 맞으면서 금전운 엉킨 거 풀어주는 상대도 있지 않을까요?"

"없진 않은데 일차적으로 돈 문제가 없으면 인간관계는 절로 따라오는 거야. 돈이 잘 벌리면 상대방의 성격 모난 것도 그냥 봐줄 만한데, 돈 안 돼 봐라. 성격이고 뭐고 없어. 욕이 절로 나오잖아."

"하긴 친구들끼리 동업했다가 돈 문제로 인연 끊어지고

사회에서 만난 사람끼리 일하다 잘 맞아 베스트프렌드가 되기도 하니까요. 어쩌면 경제적으로 서로 문제없는 게 더 강력한 인연을 만들어 주는 것 같기도 하네요."

"맞아. 그래서 손님들이 동업에 관해 물어볼 때는 인간관계 같은 건 배제하고 돈 문제를 풀어줄 인연인가를 먼저 봐주지."

"그렇겠어요. 듣고 보니 인연법이란 게 내 부족한 금전운을 채워주는 하늘의 선물인 것 같아요."

'인연이라고 하죠. 거부할 수가 없죠. 내 생에 이처럼 아름다운 날 또다시 올 수 있을까요. 고달픈 삶의 길에 당신은 선물인걸.' 지후의 입가에서 이선희의 〈인연〉이 흘러나왔다. 이선희 씨는 인연법이 고달픈 삶의 굴곡을 없애주는 선물이란 걸 알고 작사했던 걸까? 알고 했든 모르고 했든 인연이란 것을 너무 잘 표현했음에 감탄이 절로 나올 뿐이었다.

즉문즉답, 셋

? 나는 봄에 결혼이 있는데 상대는 결혼이 없어요. 이런 경우는 어떻게 되나요?

"죽었다가 깨어나도 그해에는 결혼 못 하는 거지. 예를 하나 들어볼게. 나는 봄에 결혼 운이 있어. 그런데 상대는 없어. 그럼 결혼을 못 하겠지? 그런데 결혼 운이 있다는 거는 사주에 재성이란 게 들어온 거야. 남자에게 재성이 여자거든. 그 사람은 그때 다른 여자를 만나. 결혼을 안 할지언정 잠깐 다른 여자를 만나게 돼 있어."

"잠깐 만나나요, 선생님?"

"그것도 잠깐 만나는 건지 확인해야 해. 원래 만나던 여자랑 헤어지는지 지금 만나는 이 여자랑 헤어지는지. 원래 만난 여자랑 내년에도 결혼 날짜가 안 맞고 새로 만난 여자랑 결혼 날짜가 맞으면 새로 만난 여자랑 결혼하게 되는 거야. 실례로 9월에 궁합을 보러 온 한 커플이 있었어. 8년을 만났고 내년 봄에 결혼이 겹치더라고. 나한테 궁합 보러 온 게 9월이고 5·6·7월 결혼이 겹치니까 '둘이 결혼하네' 그렇게 말했지. 그러니까 둘 다 결혼 계획이 있다고 하는 거야. 그랬는데 애들이 사주 상 그해 겨울에 이별이 있었던 거야."

"그럼 그때는 이별을 못 보신 거예요?"

"사람이 선입견이 있다고 8년을 사귀고 내년 결혼한다고 하니까 헤어질 거란 생각을 못 했어. 한두 해 사귄 사이면 헤어질지를 보겠지만, 8년이란 말에 선입견을 갖고 헤어질 거란 생각을 못 한 거지. 그런데 11월에 둘이 헤어지고 각자 딴 사람들을 만나 결혼한 거야. 여자가 안 찾아왔으면 까마득하게 몰랐을 텐데 그때 상담했던 여자가 찾아와서 '선생님, 저 결혼했어요' 그러길래 축하한다고 했거든. 그랬더니 '고마워요. 딴 남자 만나 결혼했는데 이 사람이 훨씬 더 좋아요' 하는 거야. 작년에 같이 왔던 남자도 다른 여자랑 결혼했다고 하고. 그래서 그다음부터는 이런 케이스에 안 걸리게 이별이 있는지 한 번 더 확인하는 습관이 생겼어."

❓ 능력은 있는데 여자가 많은 것 같아요. 잘 살 수 있을까요?

"하나만 보고 선택했으면 이런 질문이 안 나오는 거지. '너도 능력이 있어서 좋아한 건데 다른 여자가 안 좋아할 수가 있겠어? 그 경쟁률을 뚫고 네가 된 거지'라고 얘기해 줘. 여자에게 잘해주고 인기 있고, 돈 있으니 바람피우는 정도는 감수하라고. 그런데 혹시 모르니 딴 살림 차릴 정도인지 그냥 잠자리만 할 정도인지 경중을 따져서 말해 줘. 내치는 인간인지는 알아야 할 테니까. 그리고 그 정도면 나도 말릴 테고."

"말씀 듣고 보니 그렇네요."

"그럼, 그 정도 능력 되는데 어떻게 하나만 보고 살 수 있겠어. 그 사람이 잘된 이유가 여자들이 보기에 매력 있는 사람, 곧 돈을 많이 버는 것인데. 네가 그것이 싫다면 그건 곧 무능함을 말하는 것일 테고 그렇게 되면 너는 살 수 있냐는 거야. 못 살아. 그러니까 이해하라고 하는 거지. 다 얻을 수는 없잖아. 내가 정말 단 한 가지, 한 가지만 보라고 말하는 이유야."

　　　　　　　　　　　　　괜히 애쓰고 살았다

"이렇게 물어보는 여자분들이 의외로 많아. 그런 경우엔 '언제쯤 만난 것 같아요' 하고 되물어봐. 그래서 '5월쯤인 것 같아요' 하면 이미 알고 있구나 싶어 그냥 말을 해줘. 그럼 손님이 카카오톡 캡처한 거 다 보여주거든. 그런데 그냥 찍은 것 같은 경우엔 없다고 거짓말을 해. 왜냐하면 그 얘기를 하는 순간 지옥으로 가기 때문에……."

? 그 여자랑 언제 헤어지나요?

"돈 있는 남자는 여자를 끊임없이 만나지. 남편과 바람난 여자 사주를 어떻게든 가지고 오라고 해. 언제 차이나 보게. 그 여자 사주 가지고 오면 언제 헤어지나 알려줄 수 있는데, 문제는 또 다른 여자를 만난다는 거지. 반복적인 거야."

? 남편과는 속궁합이 너무 안 맞아요. 애인과는 잘 맞는데요. 헤어져야 할까요?

"이런 질문을 하는 여자들이 있어. 그럼 내가 되물어봐. '남편은 착해요?' '착해요.' '직장은 안정적이에요?' '안정적이에요.' '지금 만나는 남자는 돈 잘 벌어요?' '아직 안정적이진 않지만…….' '그럼 둘 중에 누가 낫겠어요?' 하고 물어. 그럼 좀 머뭇거리지. '섹스만 생각하면 애인이 낫겠지만 종합적으로 고려하면 남편이 낫지 않을까요?' 그리고 그 섹스 잘하는 상대가 당신한테만 잘할 것 같냐고, 잘하는 놈은 너만 만나지 않는다고 말해주지. 겉궁합이 좋으면서 속궁합도 같이 좋은 경우는 거의 없어. 그래서 부부는 불완전체란 것이야. 섹스가 되면 능력이 부족하고, 능력이 되면 섹스가 안 되는……. 둘 다 되는 사람은 한 여자로 만족을 못 하고. 그러니 완벽한 구조는 없는 거야.

그렇다 보니 어느 한 가지에 꽂혀서 이혼할 수가 있어. 부자랑 살아봤더니 섹스가 안 맞아. 그래서 섹스 잘하는 놈이랑 재혼했어. 기둥서방이 달리 있는 게 아냐. 여자가 돈 벌고 남자는 한량에 섹스만 하는 거지. 그런데 이렇게 섹스에 만족하면 일에 매진하고 돈을 잘 버는 여자가 있어. 남편이 무능력해도 섹스 하나만 잘하면 내가 알아서 벌어온다는 스타일도 있는 거지. 이게 나쁘니? 그러니 하나만 택하면 오히려 깨질 일이 없는 거야. 그런데 돈도 잘 벌고 잠자리까지 잘해야 한다는 인간이 문제란 거지. 그런 사람이 왜 너랑 살겠냐고 되묻고 싶은 거지."

괜히 애쓰고 살았다

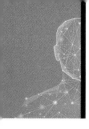

결혼 택일이
웃기는 이유

택일(擇日)은 '어떤 일을 치르거나 길을 떠나거나 할 때 운수가 좋은 날을 가려서 고름 또는 그날'을 의미한다. 단어의 뜻 그대로 좋은 날을 고르는 것이다. 하지만 내가 어떤 날을 고른다 해서 그날이 무조건 골라지는 것도 아니다. 아니, 내 멋대로 선택할 수 있지만 그날이 내 인생을 어떤 방향으로 끌고 갈지 나도 모르는 것이다. 그래서 택일은 내가 선택하는 것 같지만 결국 선택되는 것이다.

"좋은 날을 선택해 결혼하는 것과 그렇지 않은 날을 선택하는 것에는 차이가 크겠죠, 선생님?"

"있지, 그러니까 다들 택일을 하는 거지. 택일이란 건 기본적으로 나쁜 날을 최대한 막아 보자는 거야."

"그럼 결혼은 어떤 날을 택하는 건가요?"

괜히 애쓰고 살았다

"십악대패일(十惡大敗日)이란 게 있어. 십악(十惡)은 열 가지 해로움이 있다는 것을 뜻하고, 대패(大敗)는 말 그대로 크게 진다는 거니 얼마나 안 좋은 날이겠니? 일단 이날을 피하는 것이 우선이야."

"아, 그럼 택일은 좋은 날을 우선 찾는 것이 아니고 최악을 피하고 나머지 것에서 최대한 좋은 날을 찾는 거란 말씀이신 거죠?"

"그렇지. 그리고 사주마다 각자 길한 날이 있을 거 아냐. 길한 시도 다를 거고. 각자의 사주 안에서 리스크를 최대한 줄인 후 그 나머지 날에서 좋은 날을 잡는 거라고 보면 돼."

"결혼할 때는 남녀 모두 결혼 운이 같은 시기일 텐데 남자, 여자 모두에게 좋은 날짜가 있나요?"

"있지. 하지만 결혼 날짜는 기본적으로 여자가 좋은 날을 잡게 돼 있어. 왜 그럴 것 같아?"

"궁합 얘기를 하시면서 여자가 사주 구조적으로 불리하기 때문이란 말씀을 하셨는데 혹시 그게 이유 아닐까요?"

"맞아. 여자가 좋은 날을 잡아야 최악의 날은 피할 수 있으니까. 사주는 남자가 군림하는 구조, 여자가 순종하는 구조로 돼 있기 때문에 여자가 불리할 수밖에 없어. 이런 건 페미니즘과 별개의 문제인 거지. 그래서 남자는 바람나도 남자 본인이 헤어지겠다는 마음이 없으면 그냥 살 수가 있지만, 여자는 바람나서 걸리면 못 산다고 그런 거야. 게다가 남자는 '아내복, 재물복, 자식복' 트리플 크라운이 될 수 있지만, 여자는 '남편복, 재물복, 자식복' 중 하나 또는 두 개 정도만 얻을 수 있어. 이렇게 남자보다 구조적으로 안 좋으니 여자 쪽에서 리스크가 있는 날짜를 피해 택일하는 거지."

"정말 여자분들이 보면 짜증 날 노릇입니다. 뭐 이런 게 다 있나 싶기도 하고요."

"나도 딸 키우는 입장이라 이게 안타까워. 하지만 어쩌겠니. 사주명리학이란 게 원래 그런 걸. 아무튼 결혼 택일은 십악대패일 같은 날은 무조건 피하고 그 나머지 날에서 길일을 찾아야 좋은 거지. 그런데 이 결혼 택일이란 게 약간 사기성인 게……."

"그게 무슨 말씀이세요?"

괜히 애쓰고 살았다

"어느 날 한 커플이 결혼 택일 상담을 왔단 말이야. 그런데 사주 원국에 이혼이 이미 정해져 있어. 그럼 결혼하겠다고 찾아온 사람에게 이혼할 거니 택일하는 게 무의미하다고 할까? 내가 앞서도 얘기했잖아. '너희들은 내가 결혼하지 말라고 해도 하게 돼 있어. 결국 깨질 거지만.' 그래서 결혼 택일이 웃긴 거야."

"네, 그 말씀 하셨어요. 결혼할 때가 되면 안 하겠다는 내 의지와는 달리 결혼을 하게 돼 있다고요. 반대로 이혼할 때도 마찬가지라고 하셨고요. 모두 다 내 의지와는 무관하다고."

"맞아. 그래서 난 양심상 그냥 둘이 좋다는 말은 못 하겠더라고. 이혼이 있으면 이혼할 거라 말하지. 그런데 결혼 날짜 잡으러 온 사람들은 이 말을 잘 안 믿어. 지금은 좋아 죽겠거든. 그러니 내가 하는 말을 농담으로 듣기도 해. 장난이 심하다고 하면서. 난 진심인데."

"화내는 사람은 없어요?"

"왜 없어. 뭐 이런 인간이 있나 그러지. 결혼 택일 잡으러 왔는데 이혼할 거라고 하니까. 나도 이해는 해. 그래도 결혼해서 좋을 거란 말은 못 하겠어. 그래서 난 어차피 이혼할 건데 그나마 결혼 날짜라도 잘 잡아 이혼을 최소화할 수 있게 잡아주겠다고 하지. 이렇게 말하면 나는 상담료 못 받으니 돈 날리는 거고, 상대는 황당해하며 나가는 경우가 많은데 결국 몇 년 지나면 나한테 오게 돼 있어. 결국 깨질 거니까. 이래서 나한테 오는 사람은 호불호(好不好)가 정확해. 오는 손님들은 거의 마니아 수준인 거지."

"당장 듣기에는 거북해도 결국 그 말이 사실일 테니까요. 그런데 저도 이 상황이면 황당할 것 같아요. 웃어야 할지, 울어야 할지요. 그런데 이놈의 사주란 게 오기로 하면 결국 오게 돼 있으니 어떻게 맞이해야 할지, 솔직히 적응이 안 되는 것도 사실이에요. 이렇게 되면 궁합을 볼 필요가 있을까란 의문이 생기기도 해요."

"맞아. 결국 깨질 건데 이걸 봐야 하나 싶겠지만 말이야. 첫째, 안 깨지는 사람이 있고 둘째, 깨질 때 깨지더라도 사는 동안은 본인이 그렇게 원하는 가치 하나를 상대가 가졌는지 정확히 알려주잖아. 예쁘고 잘생긴 건 네 눈으로 확인할 수 있지만 이 사람이 진짜 돈은 있는지, 능력이 있는지, 바람은 안 피울지, 착한지, 변태는 아닌지, 폭력적인지 등은 알 수 없잖아. 사주명리학은 완벽을 기하는 것이 아니라 주어진 팔자 안에서 리스크를 최소화할 수 있는 방법을 찾아주는 역할을 하는 거지."

이 말을 듣고 있던 지후는 사주명리학이 우리 삶의 안전
띠 같다고 생각했다. 사고는 날 수 있겠지만 적어도 안전띠
를 매고 있으면 죽을 가망성이 최소화되는 것처럼. 안전띠
를 매고 안 매고는 개인의 선택이듯 사주팔자를 믿는 것도
마찬가지란 생각이 들었다.

재혼, 삼혼도
이혼의 이유는 똑같다

"지후야, 사주에는 재혼(再婚), 삼혼(三婚)이 정해져 있어. 삼혼은 말 그대로 세 번 결혼한다는 거잖아. 이게 타고난 거야. 재혼까지는 그렇게 드센 팔자라 할 수가 없어. 요즘 한 번은 거의 깨지는 추세니까. 하지만 세 번 결혼한다는 것은 그만큼 사주에 리스크가 많다는 얘기지."

"안 그래도 〈한 번 다녀왔습니다〉, 〈세 번 결혼하는 여자〉 등 재혼과 삼혼을 소재로 한 드라마가 나왔을 정도니 그만큼 우리 사회에서 재혼, 삼혼이 흔해졌다는 얘기 같아요."

"맞아. 요즘 미혼 남녀 셋 중 하나는 결혼을 두세 번 하는 게 이미 일반화됐다는 인식을 가지고 있다는 조사 결과가 나왔을 정도니까. 그런데 이혼 조사를 해보면 이혼의 이유가 매번 똑같다는 거야. 왜냐하면 두 번째, 세 번째도 본인의 원래 사주가 안 변했기 때문에 헤어지는 이유가 같은 거지."

괜히 애쓰고 살았다

"그것참 신기하네요. 어떻게 계속 같은 이유로 이혼할 수 있을까요?"

"신기해? 그런데 이게 이상한 게 아냐. 사주팔자가 원래 그런 거니까 오히려 정상인 거지. 예전에 상담했던 상관성이 강한 여자 사주를 예로 들어줄게. 돈이 좀 있는 남자를 원해서 사업하는 남자와 첫 번째 결혼을 했어. 결혼 전에는 잘나갔는데 결혼 후부터 이상하게 손대는 일마다 망하더래. 힘들다 보니 싸움도 잦아지고 그래서 이혼을 했다는 거야. 여자가 상관성이 강하면 멀쩡했던 남자가 놀기 시작하고 망하거든. 최진실이 상관성이 굉장히 강해. 그러니 당대 야구 스타였던 조성민도 결혼 후로 야구를 안 했던 거지. 상관(傷官)은 관이란 것을 밀어내는 거야. 관(官)이란 여자에게 직장, 남자거든. 그래서 남자를 자꾸 밀어내게 되는 거지. 직장도 밀어내니 비정규직, 프리랜서가 많은 거고."

"상관성이 있는 여자는 보통 예쁘다고 하지 않으셨나요?"

"맞아. 상관인 여자들은 예쁜 경우가 많아. 연예인도 많고. 그래서 남자들이 잘 붙어. 그런데 도도해. 그러니 질려서 남자가 떨어져 나가기도 하지만 또 다른 남자가 잘 붙는거지. 그러니 이혼을 하면 매력적으로 보여서 또 다른 남자들이 대시하는 경우가 많아. 도도해서 사귀는 것이 어렵지만 사귀면 한 남자만 바라보거든. 그 남자를 좋아했던 이유가 없어지지 않는 한……. 그러니 재혼도 잘 되는 거야. 예쁘고 매력적이니까."

"이걸 좋다고 해야 할지, 안 좋다고 해야 할지 난감하네요."

"사주에 좋고 나쁜 게 어디 있어. 다 자기 사주팔자대로 사는 건데. 그래서 사업가와 이혼한 이 여자가 이번에는 안정적이라 생각한 공무원과 재혼했지. 그런데 그 공무원이 어느 날 뇌물을 받다 걸려서 옷을 벗게 됐다는 거야. 결국 상관성이 강한 여자와 결혼을 하면 배우자는 무능력하게 된다는 거지. 그게 사업가든 공무원이든 표면적으로는 다른 직업의 남자들과 결혼해서 이혼 사유가 다른 것 같지만, 사주 상 헤어지는 이유는 똑같았다는 거야."

"그러게요. 한 번은 사업가, 한 번은 공무원이니 누가 다른 이유로 이혼했을 것으로 생각하겠어요. 그런데 둘 다 같은 이유라니 그게 황당해요. 결국 문제는 배우자가 아니라 상관성이 강한 내 사주 때문이라는 얘기도 되겠네요."

"그렇지. 상관성이 강한 여자와 결혼하는 남자들은 그때

괜히 애쓰고 살았다

부터 뭘 해도 망하고, 뇌물도 받고, 무능력해져. 이혼하는 여자는 본인이 상관성이 강해 그렇다는 것을 모르니 안정적이라 생각했던 공무원을 만나 재혼해도 왜 이런 일이 또 생기나 싶었겠지. 그런데 형태가 다르지 본질은 하나야. 상관성이 강한 여자와 결혼한 남자들의 특징이란 거지. 그래서 매번 같은 이유로 헤어지는 거고."

"그런데 사주팔자란 것이 꼭 그리되는 것은 아니니 혹시 공무원 생활 끝까지 잘하고 진급도 잘하는 경우가 있지 않을까요?"

"그 질문 잘했어. 물론 있지. 왜 없겠어. 그런데 그런 부부는 열에 아홉 잠자리를 거의 안 해. 1년에 한두 번 정도나 할까. 이게 아니라면 부부가 따로 떨어져 사는 거지. 남편은 세종시에 있고 아내는 서울에 있는 식으로 말이야. 멀리 있다 보니 부부관계를 자주 하지 않아. 그런데 그게 액땜이 돼서 이혼을 안 하고 있는 거지. 애가 둘인데 7년 동안 다섯 번밖에 관계 안 한 부부 이야기 기억나니? 초고속 승진에 육아와 설거지까지 해주면서 부부관계만 안 한다고 했던."

"기억나요. 누가 보면 단란한 가정으로 보겠지만 여자분은 속이 타들어 가는······."

"그런 거야. 겉보기에 부부애가 좋은 것 같지만 그 속은 아무도 모르는 거지. 그리고 막말로 부부 사이가 좋으면 공무원 관두는 거지. 아니면 사별하거나. 그래서 내가 남의 집 보고 부러워 말라고 하는 거야. 속 까보면 다 똑같아. 티를 안 내니까 잘 사는 것처럼 보일 뿐이지. 오히려 티 낼 수 있는 집이 속은 덜 타는 거야."

"그럼 혹시 결혼을 늦게 하면 좋다는 사람들도 있는데 이것도 이혼을 안 하는 방법이 될 수 있을까요?"

"방법일 수는 있지. 이건 책에도 나오는 내용이고 액땜도 될 것 같아. 세 번 결혼할 거 늦게 결혼하면 두 번에 끝낼 수도 있을 테니까. 서른에 결혼하는 것보다 마흔에 결혼하면 세 번 갈 거 두 번으로 끝낼 수도 있잖아. 그 정도 나이 되면 지금 세 번째 결혼해서 뭐할까 싶기도 할 테니까. 그런데 이게 처음부터 잘못된 질문이란 거지."

"왜 잘못된 질문이에요?"

"결혼을 늦게 해서 좋은 게 아니고, 사주에 결혼이 늦는

　괜히 애쓰고 살았다

사람은 늦게 할 뿐이니까. 결혼은 빠르다, 늦다, 못 한다 셋 중 하나야. 결혼 늦는 사람에게 빨리 하라 해도 빨리 못 하고, 빨리 결혼할 사람에게 늦게 하라고 해도 늦게 못 하는 거야. 이건 깨지는 것과는 별개로 정해져 있는 거지."

"결혼을 늦게 한다, 빨리 한다, 못 한다가 정해져 있다는 말씀이세요?"

"어. 2019년 한국 평균 여자는 30세, 남자는 33세란 말이야. 이게 넘어가면 늦다고 하는 거야. 결혼이 늦는 사주는 스무 살에 만나서 아무리 빨리 결혼하고 싶어도 30세 이전에 결혼할 확률이 거의 없어. 결혼 빨리 못 하는 것과 결혼 못 한다는 것은 정확하게 맞힐 수 있고 결혼을 늦게 한다는 건 그게 언제인지 맞힐 수 없어. 하지만 '올해 결혼할까요?'를 물어보면 그건 100% 맞힐 수 있어. 결혼도 이혼도 모두 다 정해져 있으니까."

사주 이야기를 듣고 있노라면 누구나 절대적으로 다 좋은 경우는 없다. 하나가 좋으면 하나가 빠진다. 그러니 남과 비교하며 속상할 이유가 없는 것이다. 한번은 류 선생님이 첫째 검사, 둘째 의사, 막내 죄수인 가족의 이야기를 해준 적이 있다. "이 셋을 둔 엄마는 행복해야 하는 거니, 불행해야 하는 거니"라고 질문을 던지면서……. 그때 지후는 "그래도 셋 중 둘이 좋으니 66% 이상은 좋은 게 아닐까요"란 대답을 했었다. 그랬더니 류 선생님은 그건 아니라고 하면서 검사·의사 아들 생각하면 기뻐야 하고, 죄수 아들 생각하면 속상해야 하는 거라는 답을 줬다.

기쁜 건 기쁜 거고 속상한 건 속상한 대로 받아들여야지 이걸 섞어서 '이 정도면 괜찮겠지'라고 생각하면 사주를 이해하기 힘들어진다는 것이다. 사주는 있는 그대로를 수용하는 것이라며 선과 악도 없고, 옳고 그름도 없고, 긍정도 부정도 없다고 했다. 존재하는 건 현실인데 거기에다 자꾸 관념적인 것을 붙이려고 하니까 사실을 인정하기 어려운 것이라면서……. 결국 사주팔자란 관념도 이상도 아닌 현실을 있는 그대로 수용하는 것이다. 그래야만 삶에서 고민하는 본질적인 해결의 실마리를 잡게 되는 것이다.

괜히 애쓰고 살았다

활인업(活人業)에 종사하면 이혼이 잘 안 된다?

"선생님, 사주 원국에 이혼인데 이혼을 안 했다면 이건 어떤 경우일까요?"

"나 또는 배우자가 활인업(活人業)에 종사하는 경우가 많아. 의사, 간호사, 경찰, 군인, 종교인, 역술인 등 사람을 살리는 직업에 종사하면 하늘에서 선물을 주는 거야. 그래서 이혼이 잘 안 돼. 의사가 돈이 많아서 이혼을 안 하는 게 아니라 하늘이 이혼을 막아주는 거지. 활인업에 종사하는데 이혼을 할 정도면 그 배우자는 최악이란 거지. 하늘도 어떻게 할 수 없는……."

"그럼 활인업에 종사해야만 이혼이 안 된다는 말씀인가요?"

"꼭 그렇지는 않아. 예전에 노동부에서 일하는 손님이 왔었어. 사주 원국에는 이혼인데 이혼이 아니라서 혹시 무슨 일을 하냐 물었더니 노동부에서 임금 체불한 것 받아내고, 실업급여 주는 일을 한다는 거야. 활인업은 아니지만 업무 자체가 활인업인 거지. 어려운 사람 살리는 일이니까. 여기서 활인업에 대해 오해하지 말아야 할 것이 하나 있어."

"그게 뭔가요?"

"활인업에 종사한다고 해서 모두 활인을 한 것은 아니란 거야. 활인업에 종사하지만 이혼을 당한다는 것은 활인 행위를 하지 않았다고 봐도 무방해. 의사가 자기 돈 벌 생각으로 비싼 수술만 권유하고, 경찰이 조폭 비호를 위해 뇌물을 받고 하는 것들은 활인업에 종사한다고 해도 활인을 한게 아니잖아. 그래서 이혼 사유가 되는 거지. 단지 그 업에 종사한다고 해서 하늘의 도움을 받는 게 아니란 거지. 어떤 업종이든 활인을 하는 게 중요한 거야. 이 때문에 주변에 도움을 주고 사는 것은 복을 짓는 일임에 분명한 거야."

"그렇군요. 그럼 만약에 이 분이 진급이 되면서 일반 관리직으로 직무 이동을 하면 이혼을 할 수도 있다는 건가요?"

"그럼, 위험해지지. 헤어질 어떤 이유가 생기는 거야. 사주 원국에 이혼이 있기에 항상 스탠바이가 돼 있는 거지.

활인업을 할 때는 문제가 없다가 다른 일을 하는 순간 이혼이란 방아쇠가 당겨진다는 거야. 하지만 주말부부로 살면 액땜이 잘 돼. 완벽은 아니지만 이혼을 최소화해 주거든. 배우자랑 사이가 안 좋으면 상관없는데 사이가 좋으면 사별할 수도 있고. 어이없는 얘기 같지만 사실이야. 봉사도 사람을 살리는 일이니 액땜이 되지만, 원국에 이혼이 있을 경우엔 봉사로는 부족하고 활인업에 종사해야 해. 앞서도 얘기했지만 액땜은 우산 같은 거야. 비가 오는 것을 막을 수는 없지만 비에 흠뻑 젖는 것은 막아준다고 했어. 피할 수 있는 게 아니라 피해를 덜 입게 하는 거라 했잖아. 오는 것 자체를 막을 수는 없지만 피해를 최소화하고 늦추는 것이지."

"혹시 업종과 상관없이 활인을 하면 액땜이 되는 사람이 있나요?"

"그럼, 있지. 백호살 있는 사람들이야. 백호살이 없는 사람은 보육원·양로원에서 봉사하고 기부도 많이 해봤자 이혼하고 애가 죽기도 해. 백호살이 있는 사람만 착한 일을 해야 해. 그래야 은덕을 쌓는 거고. 백호살 없는 사람이 봉사를 하면 사람 좋다는 소리는 들어도 액땜이 되거나 금전적인 운과 연결되는 일은 없어."

"그런데 보통 좋은 운 만드는 책에서 하는 얘기가 평소 사람을 위하고 살리는 일을 많이 하면 덕을 쌓아 복을 받는다고 하잖아요."

"그럼 이렇게 했는데도 하는 일마다 엉키고, 자식이 이상한 경우는 뭘까? 백호살이 있는 애들은 액땜이 되는데 없는 애들은 백날 해봐야 안 된다는 거야. 백호살이 없는 사람들은 활인업을 안 해도 돼. 죄를 지어도 잘 먹고 잘살아. 못 먹고 못 사는 것은 단지 재물 운이 없는 거야. 단, 백호살이 있는 사람은 활인업을 안 할 경우 이혼도 하니까 평소 활인업에 종사하는 게 아니라면 봉사라도 꾸준히 하라고 하는 거지."

설·추석 전후로
이혼이 많은 이유

"여자가 궁합 물으러 와서 두 번 결혼하고 싶겠어? 누구나 결혼을 한 번 하고 싶겠지. 보통 '남편이 바람피울까요?'라고 묻는데, 그렇게 묻는 본인도 바람피울 수 있잖아. 그래서 '오히려 네가 바람피워 이혼하겠다'라고 하면 깜짝 놀라. 점쟁이들이 이런 말은 잘 안 하지. 그런데 여자들도 의외로 바람나. 남자야 바람 많이 나지만 상대가 있어야 바람이 나잖아. 남자 혼자서 바람피울 수 없고 상대가 있어야 하니까 여자도 바람 많이 피운다는 거야."

"그렇네요. 남자가 하도 바람을 많이 피우니 여자가 바람난다는 생각은 잘 안 해봤어요."

"남자가 바람나면 이혼이 쉽지가 않아. 이혼이 어려운 구조야. 여자가 불리한 구조라 참는 거지. 그럼 여자가 바람나면 어떨 것 같아? 어김없이 이혼이야. 여자는 바람나면 이혼이 쉬운 구조야. 남자는 여자에게 '나랑 살자, 나랑 살자' 하면서 이혼하라고 하지만 걔들은 이혼 안 해. 상대와 몸을 섞기 위한 과정이지 진심이 아냐. 그러니 이 말 믿은 여자는 몇 년간 기다리며 지쳐가는 거지. 여자는 이혼한다고 하면 바로 이혼해."

"그럼 '배우자가 바람피운 걸 알았는데 애들 봐서라도 참아야 하나요?'라는 질문도 많은데 이런 경우는 어떻게 하면 될까요?"

"남자가 바람피웠을 때는 이혼이 잘 안 되고, 여자일 경우엔 바로 이혼이라고 했잖아. 왜 갓난아기일 때도 이혼하잖아. 이건 거의 여자가 바람피웠을 경우지. 남자가 바람피웠을 땐 애들 졸업, 결혼할 때까지 참는다는 이유를 대지만, 그건 표면적 이유고 결국 사주 구조의 문제인 거야. 바람피운 상황이 같은데 왜 다른 결과가 나올까? 이 점을 잘 생각해보면 되는 거지. 아이들 생각해서가 아니고 남자와 여자의 사주 구조 차이 때문이야. 이건 페미니즘 문제를 떠나 사주 구조 자체가 처음부터 여자에게 불리하게 돼 있다는 것이지. 꼭이라 단정할 수 없지만 거의 이렇다는 거야."

"정말 이 사주 구조란 게 여자들에겐 너무 불리한 것 같아요."

괜히 애쓰고 살았다

"이혼 사유의 대부분이 배우자의 외도야. 그중에서도 남자가 바람피워서 이혼하는 경우가 많아. 그런데 남자들은 이혼할 생각이 없어. 왜냐하면 이 여자도 내 거, 저 여자도 내 거니까. 여자들이 그냥 참고 사는 거지. 사주 구조가 그러니까."

"그런데 여자들이 안 참고 이혼하는 경우는 뭔가요?"

"무능력에 바람까지 피운 경우지. 의사, 검사 마누라면 그냥 참고 사는데 이건 뭐 돈도 없는 게 바람까지 피웠으니 볼 것도 없다는 거지. 이렇게 말하면 '돈 때문에 참는 거네'라고 하겠지만 그게 아니라고 했잖아. 돈 많은 남자는 이혼이 잘 안 되는 구조란 거야. 검사 마나님, 회장님댁 사모님이 돈이 없어서 이혼을 못 할 것 같아? 돈 많은 남자는 이혼이 잘 안 되는 구조라 몇 번을 말하잖아. 원인 제공은 남자가 하는데 이혼이 잘 안 돼. 그런데 이혼 사유는 남자 때문에 더 많아."

"이혼이 잘 안 된다고 했는데 남자 때문에 이혼이 더 많은 이유는 뭘까요?"

"남자는 바람피우는 사례가 많기 때문에 이혼이 잘 안 되는 구조임에도 불구하고 이혼이 많은 거야. 예를 들면 여자는 한 건인데 남자는 백 건이야. 그러니까 비슷하게 남녀가 이혼하는 것 같지만 남자 때문에 이혼이 많은 거야. 그럼 이혼은 언제 많이 할 거 같아?"

"설이나 추석 같은 명절 지나고 많이 하지 않나요?"

"맞아, 왜 그런지 알아? 8·9·10월이 배우자 자리야. 연월일시에서 연은 조상, 월은 부모, 일은 배우자, 시는 자식 자리이고, 월 구분으로는 2·3·4월은 조상, 5·6·7월은 부모, 8·9·10월은 배우자, 11·12·1월은 자식 자리야. 추석이 언제야? 음력 8월 15일이야. 이때 싸움이 나면 배우자 자리를 치기 때문에 이혼이 많은 거야."

"추석 때는 배우자 자리라 이혼이 많다지만, 2·3·4월은 조상 자리인데 왜 이혼이 많을까요?"

"그때는 대운이 들어오면서 사주 원국에 없던 글자가 들어오는 경우가 있어. 그래서 이혼할 마음이 없었는데 없던 글자가 들어와서 갑자기 팍 치니 갑자기 이혼하게 되는 거지. 보통 대운이 들어오는 시기가 입춘(양력 2월 4일)이니 설날 전후가 되는 거야. 대운이 들어오면서 운이 바뀌어 이혼을 한 것

　　　　　　　　　　　괜히 애쓰고 살았다

인데, 우린 명절 증후군에 시어머니랑 싸워서 이혼한다 생각하는 거지. 내가 앞서도 영화 〈관상〉을 얘기하면서 파도가 아닌 바람을 보아야 하고 표면적인 것 뒤에 숨어 있는 맥락을 이해해야 한다고 한 이유가 바로 이 때문인 거지."

"신기하네요. 표면적 이유와 그 속에 숨어 있는 결이 이렇게 다르단 사실이요."

"한마디로 이혼 시스템이 스탠바이 돼 있는 상태에서 대운이 겹치는 2·3·4월 설 명절과 8·9·10월 배우자 자리가 겹치는 추석일 때 이혼을 많이 한다는 것이야. 사주 구조상 그런 것인데 그때 이혼이 몰리니 사람들은 명절 때 싸워서 그런 거라 생각하는 거야. 표면적인 이유든 숨어 있는 맥락이든 이혼하고 싶지 않으면 이때를 특히 조심해야 하는 건 맞아."

즉문즉답, 넷

? 남자 친구는 좋은데 시어머니 될 사람이 자꾸 이래라저래라
해서 결혼하면 이 점 때문에 힘들 거 같은데요

"시부모와의 갈등이란 글자가 사주에 있어. 그럼 어쩔 수 없어. 누구
랑 결혼해도 시부모랑 갈등이 있어. 한마디로 상대가 아닌 내 사주
에 시모와의 갈등이 있는 거지. 시부모와 갈등이란 글자가 있으면 정
말 힘든 거야. 며느리와 시어머니가 철천지원수가 되는 구조거든. 그
런데 만약 시부모와 갈등이 없는 사주야. 그럼 결혼해도 문제는 없
어. 그런데 힘들 것 같다는 건 그냥 생각인 거야. 오버하는 거지. 그
런 여자들은 일 년에 명절 세 번 가는 것도 싫어해. 이건 시부모와의
갈등이 아니지. 그냥 시댁 가기 싫은 거지. 모시고 사는 것도 아니고,
명절 세 번 가는 게 싫으면 그건 네가 이기적인 거라고 하지."

? 남편이 마마보이예요. 어떻게 하나요?

"처음에는 화목한 가정처럼 보여서 좋았는데 신랑이 시부모님에게
너무 기댄다는 거야. 실제로 마마보이는 하는 일이 잘 안 돼. 무능하
지. 시부모가 생활비 주고 도와주잖아. 남편은 하는 것마다 잘 안 되
고 사업자금 대주면 날려 먹고. 사업이란 것도 시댁에서 밀어준 것이

지 결국 그 사람의 실력은 아니었던 거지. 내 남편인데 시부모 영향력 아래 있으니 아내로서는 얼마나 짜증 나겠어. 그런데 유순하니 아내가 '어머니는 말이야, 어쩌고저쩌고……' 말해도 끄덕끄덕, 엄마가 '너는 네 마누라 말이나 듣고 그러냐' 하면 또 '그게 아니고요' 하면서 변명이나 하고 그래. 그냥 우유부단한 거지. 사주 구조가 딱 그래. 내가 착하면 어떻다고 했어. 무능하다고 했잖아.

마마보이는 인성(印星)이란 게 많아. 애들 계속 따라다니면서 매번 간섭하는 엄마들이 있어. 특히 아역배우 중에 애들 졸졸 따라다니는 엄마들. 아역 때는 그럭저럭하는데 커가면서 일이 안 풀리는 애들이 있다고. 그런 애들이 인성이란 게 많아서 그런 거야. 인성은 돈이 아니고 명예야. 돈이란 건 재성인데 재성이 잘 돼 있으면 마마보이가 될 수가 없어. 재성이 강한 애들은 엄마 말 신경 안 쓰고 제멋대로 하거든.

그래서 마마보이는 결국 이혼하는 구조로 가게 돼 있어. '네 엄마 정리하고 와' 하고선 아내가 집을 나가 버려. 이런 구조는 열에 여덟 이상은 이혼으로 가. 그래서 착한 사람이 아닌 독한 사람과 결혼해야 한다는 거야. 그런데 독한 놈은 또 바람을 피울 수 있으니……. 이래도 고민이고 저래도 고민이란 거지. 그래서 결혼할 때는 내가 정말 중요하다고 생각하는 한 가지만 보라고 하는 거야. 그 이상 생각하면 살기 힘들다고 한 거지."

? 남자 친구가 저에게 집착하는데 결혼하면 덜할까요?

"합이란 게 끌어오는 성질이야. 뭐든 끌어와. 합이 너무 강하면 나를 소유하려고 하고, 내 손에 쥐고 있으려고 하고. 이렇게 하면 어떻게 되겠니? 의처증과 사랑은 구분해야 하는데 너무 사랑하면 의처증이 잖아. 집요하게 집착하고, 여기에 귀문이 들면 '또라이'가 되지, 사람 죽이고. 외출만 하려 치면 어디 가냐 하고, 전화번호 다 뒤지고, 그러면 살겠니? 집착도 정해져 있어."

"집착이 대운에 없어질 수가 있나요?"

"한 번 집착은 영원한 집착이야. 한 번 폭력은 영원한 폭력이야. 이거는 어림없어. 결혼하면 안 돼!"

? 이혼 후 자녀는 누가 키우게 되나요?

"자식 자리가 공망인 사람은 못 키워. 세운, 대운 보고 판단한다는 술사들이 있는데, 그게 아니고 사주 원국에 자식 자리 빈 사람이 못 키울 확률이 높아. '엄마가 키워요? 아빠가 키워요?' 묻는데 보통은 엄마가 키우고 아빠가 키우는 경우는 드물잖아. 그런데 엄마가 자식 자리가 빈 경우에는 '아빠한테 보낼까요?'란 질문을 종종 한다는 거지. 그런데 아빠도 비고, 엄마도 빈 경우는 할머니가 키우는 거고. 세운, 대운 운운하는 것은 거의 다 헛소리야. 사주 원국에 이미 정해져 있어.

엄마는 애들 키우고 싶은데 시어머니가 며느리 애먹이려고 아이들 안 보내는 경우가 있어. 그래봤자 사주에 자식 자리 빈 사람은 못 키워. 본인이 데리고 있겠다고 억지 써봐야 못 키울 사정이 생겨. 전 아내가 좋든 싫든 보낼 수밖에 없는 이유들이 생기는 거지. 애들이 크면서 '집 나가겠다, 아빠랑 있기 싫다' 등등의 이유를 대면서 상황이 만들어진다는 거야.

그럼 아빠, 엄마 모두 자식 자리가 비어 있지 않을 경우엔 어떻게 될까? 보통은 열에 아홉은 엄마가 키우게 돼 있어. 그런데 시모가 끝까지 안 보낸다고 하는 경우엔 아빠가 키우게 되는 경우도 있어. 왜냐하면 사주 구조상 여자가 남자보다 불리하기 때문인 거지."

? 자식 자리가 공망이면 결혼이 잘 안 되고, 자식을 가져도 중간에 잃어버리기도 한다는데 맞는 말인가요?

"자식 자리가 공망이면 결혼이 잘 안 돼. 자식이 없는 경우도 많고. 그런데 자식이 생겼다면 키우다 잃어버리는 경우가 있어. 얼마 전 한 손님이 왔는데 예순이야. 그런데 자식 자리에 자식이 없어서 '내가 애가 몇이에요' 하고 물었더니 '하나예요' 그러더라고. 그래서 '잘 키우셨네요' 했더니 왜 물어봤냐고 되묻더라고. 그래서 아주머니는 자식 자리가 비어 있어서 물어봤다고 했더니 아이를 10살쯤 잃어버렸다는 거야. 그렇게 키우다 잃어버리는 거야. 아니면 일찌감치 부모와 떨어져 외할머니 손에 크거나⋯⋯. 사주에 자식이 없는 사람일 경우 내 손으로 안 키우는 것도, 화를 면하는 방법이야. 하지만 사주 원국엔 자식 자리가 없기 때문에 키우는 중간에 잃어버리거나 사망하는 일이 발생할 여지가 있다는 거지. 스탠바이 상태야."

"그런데 자식 자리가 없는데 태어난 것도 신기하네요."

"그러니 잃어버렸잖아."

"애를 아직 안 잃어버린 사람이 오면 애가 없어질 때를 맞힐 수 있나요?"

"아기면 잃어버리는 건지 죽는 건지 찾아내는 거야. 열댓 살 정도면 길 잃어버릴 일이 없으니 죽는 자리를 찾는 거야. 대학교 들어가서도 죽고 그러니까. 어떤 사람에게 자식 자리에 자식이 없다고 했는데 '저는 애 있는데요' 하고 대답하면 그럼 위험한 거란 거야. 다 키워 놨는데 죽을 수 있으니까."

"하늘도 원망스럽네요. 애초에 자식 자리에 자식이 없으면 처음부터 없었어야지 애 키우다 죽으면 그 상실감이 더 크잖아요."

"그건 그렇지. 그런데 그게 사주팔자란 거야."

　괜히 애쓰고 살았다

제왕절개 택일,
어찌 얘가 왕이 될 날인가?

　부모라면 누구나 아이의 운명이 좋기를 바랄 것이다. 그래서 임신 준비 중에 출산, 제왕절개 택일을 알아보기 위해 점집이나 사주팔자 보는 곳에서 상담을 받곤 한다. 기독교인이나 사주팔자를 불신하는 사람마저도 결혼, 출산, 이사와 같은 일이 있을 때는 택일을 하는 경우를 종종 본다. 달리 말해 중요한 날이 좋은 날이길 바라는 것은 본능에 가까운 것이다.

　이사, 가게 오픈 날짜도 택일을 하는 마당에 내 아이 출산과 관련된 것은 물으나 마나다. 제왕절개(帝王切開)는 영어로 'caesarean section'이라고 하는데, 고대 로마제국의 지도자였던 시저(Julius Caesar)가 복부를 절개하는 분만술로 태어났기 때문에 제왕절개술이라 부르게 됐다고 한다. 하지만 이는 근거 없는 설이다. 근거가 없다 해도 제왕이란 단어가 주는 그 힘은 포기하고 싶지 않은 게 부모의 마음일 것이다. 그래서 그냥 절개가 아닌 제왕절개가 된 것이다.

　　　　　괜히 애쓰고 살았다

"선생님, 자연분만이야 정확한 날짜를 잡는 것이 어렵겠지만 제왕절개 택일은 그리 어려운 것이 아니겠지요?"

"아니, 둘 다 쉬운 일이 아니지. 사람들은 제왕절개 날짜를 잡으면 그날 출산할 수 있을 거로 생각하는데 그게 착각이야. 부모 사주가 아이 출생일에 영향을 미치거든."

"그게 무슨 말씀이세요? 내가 원하는 날 낳으려고 제왕절개 하는 분들도 있는데요."

"그러니까. 그냥 때가 돼서 제왕절개 하는 사람도 있지만 어디서 좋은 날짜라고 받아오는 경우도 있거든. 무료로 봤든 누군가 알려준 것이든. 그런데 아이 문제다 보니 혹시 몰라 몇 군데 돌며 택일 날짜를 확인해 보는 사람이 있어."

"그래요?"

"택일이란 게 작명, 개명과도 같아. 이름으로도 성형으로도 타고난 사주팔자를 바꿀 수 없다고 했던 거 기억하지?"

"네, 기억나요. 동네 간호사가 서울대병원으로 옮길 수는 있지만 의사가 될 수는 없는 거라고요."

"그래, 맞아. 주어진 팔자 안에서 좀 더 나은 환경으로 변화시킬 수는 있지만, 본질적인 틀은 바꿀 수 없다고. 택일도 마찬가지거든."

"택일이란 건 아직 태어난 것이 아닌데 본질이고 뭐고가 있을까요?"

"있지. 아이가 어디서 나오니? 아빠란 씨를 품어서 엄마란 밭에서 나오잖아. 김영삼 전 대통령과 경비 아저씨 이야기를 하면서 출발이 다르다고 했었던 거 기억나니?"

"네, 그 말씀도 하셨어요."

"한마디로 내 아이는 우리 부부란 틀 안에서 나올 수밖에 없는 거야. '금수저' 부부 사이에서는 '금수저'가 나올 확률이 높고, '흙수저' 부부 사이에서는 '흙수저'가 나올 확률이 높은 거고."

"아이, 정말……. 이건 완전히 태어날 때부터 운명이란 것이 정해지니 답답한 노릇이 아닐 수가 없어요."

"하지만 앞서도 얘기했듯이 완전히 바꿀 수 없는 건 아니라

괜히 애쓰고 살았다

고 했잖아. 나보다는 더 나은 삶을 사는 아이로 성장시킬 수 있다고 했고. '흙수저'가 '금수저'는 아니라도 '동수저, 은수저'는 될 수 있고 '금수저'도 '은수저, 동수저'가 될 수 있어. 반대로 더 잘해서 '다이아몬드 수저'도 될 수 있을 테고!"

"저는 이름이나 성형으로는 태어난 사주팔자가 있어 바꿀 수 없지만, 적어도 태어나는 날을 잘 선택하면 사주팔자를 좋게 할 수 있겠다는 생각을 했었거든요."

"그렇게 생각할 수도 있겠다. 하지만 사주팔자는 나를 기준으로 부모, 자식, 배우자가 큰 틀 안에서 정해져 있어. 내가 태어나기도 전 부모 사주에는 이미 내가 어떤 자식인지 나온다는 말이지. 이 때문에 나보다 월등한 자식을 기대한다는 건 욕심이란 거야."

"아니, 부모 맘이란 게 그렇잖아요. 나야 이런 인생이었지만 내 자식만은 좀 더 나은 환경에서 자라길 바라는…… 그런데 그것도 맘대로 안 된다니 그 점이 좀 그렇습니다. 이럴 거면 굳이 제왕절개 택일을 할 필요가 있을까요?"

"결혼 택일 얘기를 잘 생각해 봐. 사주 원국에 이혼이 있다고 해서 결혼을 아무 날에나 할 거야? 그건 아니잖아. 아이도 내 팔자 이상을 크게 벗어나지 못한다 해서 아무 날에나 낳을 거냐는 거야. 이거야말로 무책임한 거지. 그리고 이왕 태어날 수밖에 없는 운명인데 '흙수저' 중에서도 최고의 '흙수저'가 되는 게 꼭 나쁘기만 한 걸까? 죽어 포기할 인생이 아니라면 주어진 환경 안에서 최선을 다한다는 게 오히려 멋진 인생 아니겠어! 사주란 것이 하나의 변수도 없이 정해진 데로 가지만은 않고, 10년 대운에 뜻하지 않은 변수도 생기기 마련이거든. 그때가 내 인생의 변곡점이 되는 거지. 이재명 도지사 얘기했잖아. 원래 부모 그릇을 보면 이런 아들 못 나온다고. 그런데 100% 맞는 얘기는 아니기에 희망이 있는 거야. 그래서 지나친 욕심만 부리지 않는다면 사주명리학은 현재의 문제를 돌파할 수 있는 답을 제시해 줄 수 있는 거지."

"말씀하신 걸 다 듣고 나니 절망할 일만은 아니란 생각이 드네요."

"그래서 제왕절개 택일이란 것도 부부의 사주 내에서 제일 괜찮은 날짜를 뽑아내는 거야. 그냥 어디서 대통령, 장차관 될 사주 들고 와서 이날에 제왕절개 하면 된다는 식으로 생각하는 사람이 있어. 그런데 '웃기고 슬픈' 얘기를 해주자면 손 없는 날이 이사 피크인 것처럼 제왕절개 택일

괜히 애쓰고 살았다

도 좋은 날은 사람이 몰려서 원하는 그 날은 될 수 있어도 시가 밀리는 거지. 그럼 운명 또한 바뀌는 거고. 막말로 내가 '빽' 있고 돈 많으면 새치기라도 해서 시간을 맞추겠지만 이마저도 안 되면 그 시간에 출산 못 한단 말이야. 봐봐. 부모가 능력 없으니 결국 그 시간에 낳을 수 없고 부모 사주대로 태어나잖아. 그래서 나고 죽는 문제는 인간의 영역이 아니란 거야. 하늘이 내고 거두는 거지. 감히 누가 그 시간을 맘대로 정할 수 있냐는 거야."

"그럼 출산 택일이란 건 절대적인 최상의 날짜를 택하는 것이 아니라 부부 사주에서 택할 수 있는 상대적 최상의 날을 잡는 것이라 보면 되겠네요."

"그렇지. 결국 제왕절개나 출산 택일은 부모의 사주가 중요해. 둘의 사주를 보고 자식 자리가 귀한지 아닌지 알 수 있거든. 부모 사주가 좋으면 자연분만을 해도 좋은 날 태어나고, 제왕절개를 해도 귀한 날 나올 확률이 높지. 좋은 씨와 옥토에서는 알곡이 나올 확률이 높은 것이 자연의 이치니까. 이런 이치다 보니 부모님들이 결혼 전부터 자식의 배우자 될 사람을 고르고 고르는 거지. 나 하나로 끝나지 않고 모든 게 대물림될 수 있으니까."

"그렇겠네요. 그런데 혹시 우리 부부는 좀 부족해도 우리 보다는 좀 나은 아이를 얻는 방법은 없을까요? 나보단 좀 나은 아이가 나오길 원하는 것이 부모 마음일 테니까요."

"없는 건 아니지. 오히려 출산 택일보다 더 중요한 것이 있어. 바로 합방 날짜, 입태일(入胎日)을 잡는 거지. 출산 택일이란 것이 이미 아이를 가진 상태에서 날을 잡는 것이기에 상대적으로 좋은 날을 잡을 확률이 낮아. 하지만 합방 날짜를 잡으면 출발부터 좋은 거지. 처음부터 잘할 것이냐와 마지막이라도 잘 해낼 것이냐는 그 게임의 양상이 완전히 다르잖아. 그래서 옛 왕실이나 사대부 가문에서는 좋은 날을 택해 아이가 태어나도록 입태일을 골라 부부가 합방하도록 유도했던 거야. 왕족, 귀족이 그냥 나온 게 아니란 거지."

그렇다. 부의 대물림이란 게 그냥 얻어지는 것만은 아닐 것이다. 부와 권력을 유지하고 싶은 사람들은 뭐든 시작을 중요시했던 것이다. 궁합, 합방, 택일까지……. 우린 부자를 향해 '부모 잘 만나 잘사는 거지, 돈 많으면 누가 저렇게 못 해? 지나치게 형식적이야'라며 비아냥거리는 경우가 많다. 그런데 과연 나는 비아냥거릴 만큼 준비된 사람인가? 그리고 내 삶에 만족감을 느끼는가? 그게 아니라면 부자들을

괜히 애쓰고 살았다

마냥 고깝게만 볼 일이 아니다. 왜 그들은 항상 시작을 중요하게 여기는지, 왜 불편을 느끼면서도 지키려고 하는지를 알아야 한다. 운이란 이런 고민을 하는 자에게 노크한다. 운이 없는 자들은 이런 고민조차 없기에……. 결국 이 책을 읽고 있는 당신이나 나나 이미 운이 들어온 것이다.

시작이 좋은데
끝이 나쁠 리가

　왕실의 합궁(合宮)은 하늘을 상징하는 임금과 땅을 상징하는 왕비가 서로 만나 장차 나라를 다스릴 왕자를 낳아야 하는 국가의 지대한 공식 행사 중의 하나였다. 임금은 강녕전과 희정당, 왕비는 교태전과 대조전에 머무르며 각각 따로 지내다 길일에 맞춰 교태전에서 동침을 했기에 합궁이라 칭했다.

　왕비의 처소인 교태전은 『주역(周易)』의 64괘 가운데 태(泰) 괘의 천지교태(天地交泰)에서 발췌한 것으로 하늘과 땅의 기운이 조화롭게 화합하여 만물이 생성한다는 의미를 담고 있고, 창덕궁의 침전인 대조전은 큰 인물을 만든다(大造)는 뜻이다. 결국 이곳에서의 합궁은 하늘과 땅의 조화로운 기운으로 큰 인물을 만들겠다는 의지가 담긴 것이리라.

　합궁은 장소만 신경 썼던 것이 아니다. 뱀날이나 호랑이날, 비 오고 천둥 번개 치는 날, 안개 끼고 강풍 부는 날, 일

　　　　　　　　괜히 애쓰고 살았다

식, 월식은 물론 술 취한 상태일 때나 각종 질병이 있을 때도 합궁이 불가능했다. 또한 길일을 정하기에 앞서 제조상궁이 왕비의 생리가 끝난 날을 기준으로 배란일을 계산하고 이 모든 조건이 만족됐을 때라야 합궁을 할 수 있었다.

합방(合房)은 민간에서 유래한 말로 양반가의 경우 평소 글공부에 방해되지 않게 남편과 아내가 각방을 썼다. 과거 시험에 합격해 집안을 일으키는 일 못지않게 대가 끊어지지 않게 자손을 보는 것도 중요했기에 시어른의 허락을 받고 아들과 며느리가 동침했다. 이 때문에 합방이란 말이 생겼다.

"선생님, 왕실과 양반가에서 합궁, 합방 날짜를 중요시했던 이유가 뭐라고 생각하세요?"

"시작, 출발의 중요함을 알았기 때문이지. 출산·제왕절개 택일이 합방의 결과라면 합궁 날짜를 잡는 것은 준비부터 제대로 해 원천적으로 출발을 다르게 만들자는 얘긴 거지. 태어나기 전부터 왕이 될 사람을 만들 것인지 태어날 즈음 왕을 만들 것인지는 이미 생각과 정성의 시간 차가 10개월 이상 나는 것이지."

"그러게요. 꼭은 아닐지라도 준비 없이 출발한 것과 준비를 제대로 하고 출발한 것은 차이가 크게 날 테니까요."

"맞아. 시작이 좋으면 끝이 좋을 확률이 높아. 이 때문에 정말 귀한 자식을 얻고 싶으면 합방 날짜를 잡는 것이 우선이고, 출산 택일은 차선이 되는 것이지. 평소 부부관계야 눈 맞을 때 하면 좋지만 적어도 아이를 가질 생각이라면 합방 날짜부터 제대로 잡는 것이 중요하단 거야."

"그럼 합방 날짜를 잡아 태어나는 아이가 출산 즈음 택일한 아이보다 좀 더 나을 수도 있을까요?"

"매번 강조하지만 절대적인 건 없어. 하지만 시작이 좋으면 결과가 나쁠 수 없다는 거지. 그래서 사대부들은 출산일보다 입태일을 중요하게 여겼던 거야. 입태일(入胎日)이 잘못되면 사주가 엉키기 때문이지."

"합방 날짜 때문에 사주가 엉키기도 한단 말씀이세요?"

"그럼. 합방 날을 잘못 잡았거나 몰라서 공망(空亡)이 된 아이들이 있어. 이걸 태월공망(胎月空亡)이라고 하거든. 왜 겉보기엔 멀쩡한데 속된 말로 '똘끼' 있는 애들. 사주는 멀

괜히 애쓰고 살았다

쩡한데 정신이 이상한 애들이 이런 경우지."

"네. 무슨 말씀인지 알 것 같아요. 그런데 선생님 공망이 뭐예요?"

"항간에 공망은 무서운 것이라 하고 누군가는 의미가 없는 것이라 하고 또 누군가는 기다림의 시간, 수련의 시간이라 말하기도 해. 어떤 말이 맞을까? 우선 공망(空亡)이란 한자를 보자고. 비고, 없고, 헛되고, 쓸데없고, 공허하고, 망하고, 도망하고, 잃고, 없어지고, 죽고……. 어떤 의미로 해석하든 긍정보단 부정에 가까운 단어임은 부정할 수가 없어. 나는 공망을 시지프스 신화에 비교하곤 하는데 저승에서 시지프스가 받은 형벌이 딱 공망 같거든. 그 벌이란 게 무거운 바위를 산 위로 밀어 올리는 것인데 힘겹게 정상까지 밀어 올리면 바위는 다시 아래로 굴러떨어져. 이런 고역을 영원히 되풀이하는 거지. 지후 너도 공망이라 그렇게 고생했던 거고."

"공망이란 게 밑 빠진 독에 물 붓기 같을 수도 있겠네요. 아무리 애써도 안 되는……."

"맞아. 그런데 이놈의 공망이란 게 될 듯 말 듯 하거든.

아예 안 될 것 같으면 시도조차 하지 않을 텐데 될 것 같으니 시도하고, 안 되니 또 시도하고, 그리고 또 안 되고. 이게 그래서 미칠 노릇인 거지."

"저도 태월공망인가요?"

"아냐. 너는 식상(食傷), 먹고 사는 거에 공망이 들었어. 재성(財星)이란 글자도 없고. 남자 사주에서 재성이 돈, 아버지, 여자인데 이게 없으니 애써도 돈이 안 벌어졌던 거지. 그런데 너한테 대운이 들어오면서 왕기를 띠니까 없던 금전운이 생긴 거지. 너는 재성이 없지만 상관이 왕 하면 돈을 막 만들어내거든."

"그러니까요. 저도 요즘엔 그게 다 신기합니다. 제 팔자에 이렇게 돈이 들어오는 게 맞나 싶고요."

"사주에서는 돈이란 게 결과야. 결국 돈을 만들지 못하면 결과가 없다는 건데 이전엔 네가 공망이었으니 돈을 만들고 싶어도 만들어내지 못했던 거야. 이건 열심히 안 해서도 아니고 실력이 없어서도 아냐. 오히려 애쓰고 실력 있는데 결과가 없으니 미칠 노릇인 거지. 시지프스가 산꼭대기에 돌을 올려놓고 이제 됐다 싶었는데 다시 굴러떨어지는 돌을 보며 무슨 생각을 했겠니?"

"허무하지요. 왜 나는 평생 이렇게 애만 쓰고 사나 싶었지요. 그래도 이놈의 공망이란 게 3년 동안은 왕기를 띤다는 말에 얼마나 희망이 생겼는지 모릅니다. 3년 후에는 다시 공망으로 진입한다고 하셨지만, 그래도 예전과 달리 밑 빠진 독에 물 붓지 않고 독을 옮겨 물이 새지 않는 방법을 알려주셔서 이게 얼마나 다행인지 모릅니다. 허무한 일을 해야 하는 것이 팔자지만, 그것이 단지 허무함만으로 남지 않게 방법을 알려주셨으니 말이에요. 사주명리학이란 게 알면 알수록 미래를 대비할 수 있는 지혜를 주는 학문인 것 같아요."

"맞아. 운명 그 자체를 바꿀 수는 없어도 그 운명 안에서 지혜롭게 사는 방법을 알려주는 것임은 분명한 사실이지."

"아 참, 공망 얘기하다 잠시 삼천포로 빠진 것 같은데 다시 태월공망 이야기로 가볼까요. 그럼 합방 날이 잘못되면 출산일을 잘 잡기 어렵다는 말씀이신 거죠?"

"그렇지. 처음부터 계획하고 날짜를 잡는 것과 임신 후 출산일을 잡는 것은 선택의 폭 자체가 다를 수밖에 없잖아.

사대공망(四大空亡)은 출산일을 기준으로 보는 거고 태월공망과 마찬가지로 사주 상으론 이상이 없지만 장애가 있는 아이들은 사대공망을 범한 경우가 많아. 그래서 뭐든 날짜를 잡을 때는 공망이 있는지 보는 게 중요해. 그런데 입태일은 태월공망을 제거하고 갈 수 있어. 그리고 입태일이란 건 합방 날짜는 물론 열 달 후 출산일도 같이 잡는 거지."

"그렇다면 입태일을 택일하면 태월공망과 사대공망을 모두 제거할 수 있다는 말씀이신 거죠?"

"완벽하진 않아도 최대한 리스크를 줄일 수 있는 거지. 적어도 태월공망이 되는 것은 막을 수 있고."

"그럼 사대공망을 범하는 것은 어쩔 수 없다는 말씀이신가요?"

"그런 의미는 아냐. 예를 들어 손님이 왔을 때 자연분만할 건지 제왕절개 수술을 할 건지 물어봐. 입태일은 앞서도 언급했지만 합방 날짜는 물론 출산일도 잡아야 하는 거니까. 그런데 제왕절개도 내가 원하는 시간에 안 되지만, 특히 자연분만은 그날 그 시를 맞추는 게 더 어렵잖아. 그래서 합방 날짜는 정확하게 찾아내지만, 출산일은 산모의 건강 상태나 기타 상황을 지켜보면서 처음 잡은 날짜에 못 나올 수도 있으니 그다음 좋은 날을 찾아보기도 하는 거야. 내가 앞서도 언급했지만 나고 죽는 시는 하늘이 정하는 거라고. 다만 합방을 기준으로 출산일을 역산해 최대한 좋은 날짜를 잡으려는 노력인 거고. 적어도 출발에서 정신 문제나 장애가 안 되게 하는 것만으로도 훌륭한 거지.”

“그렇네요. 태어나는 날과 죽는 날은 하늘의 영역이니 우리가 어떻게 할 수 없지만, 합방 날짜는 우리가 결정할 수 있는 문제니까요.”

“그리고 입태일을 잡을 때 중요한 건 10개월 뒤 출산일도 좋아야 한다는 거지. 한마디로 입태일과 출산일이 다 좋아야 하는 거야. 하지만 출산일은 운명인 거지. 이럴진대 제왕절개, 출산일을 손님이 원하는 대로 정할 수 있다고 하는 점쟁이가 있다면 그게 사기인 거야. 남의 아이 장애를 만들 수도 있는 거니 정말로 출산 택일은 아무에게나 맡기면 안 돼.”

“그렇군요. 혹시 쌍둥이인 경우에는 출산일을 어떻게 잡나요?”

“내가 사주 구조는 여자가 남자보다 불리하다고 한 거 기억하지?"

"네, 기억나요."

"결혼 날짜를 여자 위주로 잡는 게 여자가 사주 구조적으로 불리하기 때문이라고 했잖아. 남자는 '재물복, 자식복, 배우자복' 트리플 크라운이 되는데 여자는 기본이 하나, 잘해야 두 개 정도 복이 되는 것이라고. 그러니 출산일은 반대로 남자 위주로 잡아. 왜냐하면 여자는 아무리 좋게 잡아도 100이 안되거든. 예를 들어 남자아이 위주로 사주를 잡으면 남자 100, 여자 80 정도는 나오는데 여자아이 위주로 잡으면 아무리 잘 잡아도 여자는 80, 남자는 70이란 거지. 이럴 바엔 그냥 남자아이를 우선으로 잡는 거지. 쌍둥이인데 여자아이 사주가 완전히 좋아. 그럼에도 불구하고 100은 안 되는 구조란 거야."

"그럼 입태일을 잘 잡으면 부모보다는 더 나은 삶을 살 수도 있는 거겠지요?"

"그렇지. 적어도 부모보다는 나은 삶을 살 수 있다는 거지 한없이 좋기만 한 것은 아니란 거야. 내가 고졸이면 아이는 대학을 갈 것이고 내가 중소기업에 다니면 아이는 대기업에 갈 수 있는 식인 거지. 스티브 잡스, 빌 게이츠가 뚝하고 나오는 게 아니란 거야. 그런데 재미난 사실 하나! 입태일 물어볼 정도의 부모들은 이미 사주가 좋더라고."

"그게 무슨 말씀이세요?"

"내가 사주 보면서 '이게 부의 대물림이구나' 하고 생각한 적이 있었는데, 제왕절개, 출산 택일이 아니고 합방 날짜를 묻는 사람들이 있다는 거지. 그런 사람들 사주 보면 이미 사주의 급이 다르다는 거야. 한마디로 부자인 사람들은 애초부터 출발을 좋게 만들기 위한 모든 방법을 강구하고 있는 거지. 왕실이나 사대부들이 그랬던 것처럼……. 그래서 나는 결혼 날짜 잡으러 온 예비부부가 있으면 적어도 합방 날짜는 꼭 잡고 아이 가지란 얘기를 해. 결국 시작을 어떻게 하느냐가 모든 결과를 만들어 낼 테니까."

"그렇군요. 사주란 게 이럴 때 보면 무슨 과학 같아요. 왜 선생님께서 운이 없는 사람은 질문도 없고 뭔가 시도도 안 한다고 하셨잖아요. 반대로 운이 좋은 사람들은 뭔가를 알기 위해, 이루기 위해 끊임없이 답을 찾으려 한다고 하셨고요."

"맞아. 운(運)이란 글자는 동적이니까. 움직임이 없는 것은 곧 운이 없음을 말하는 거지. 그런데 보통 합방 날짜를 귀하게 여기지 않아. 영화 보면 왕실에서 합궁 날짜를 잡고 성교 자세까지 가르쳐 주잖아. 그런데 이게 야한 장면으로만 처리가 되다 보니 얼굴만 빨개지고 왜 그리하는지에 대한 본질은 놓친 거지. 합방, 합방 얘기하면 이게 야설이 되는 거야. 그래서 쉬쉬하게 되는 거고. 그런데 좋은 사주의 핵심은 합방 날짜부터라는 거지."

그렇다. 뭐든 시작이 중요한 것이다. 중간에 바꾸려는 시도는 처음에 계획하고 한 것보다 더 많은 힘이 들어가기 때문이다. 결국 부자들은 번거로운 일을 하고 있는 것 같지만 오히려 나중의 일을 줄이기 위해 시작에 힘을 더할 뿐인 거다. 같은 에너지를 어디에 쓰느냐에 따라 삶의 질이란 것이 완전히 다름을 알게 된 것이다. 사주명리학이란 진정 애써야 할 때와 애쓰지 말아야 할 때를 정확히 알려주는 것이다. 귀하다. 정말!

괜히 애쓰고 살았다

이사는
재물 방향으로 가는 거야

 손 없는 날이란 악귀가 없는 날로, 인간에게 해를 끼치지 않는 길한 날을 의미해 혼례, 이사, 개업 등 택일의 기준으로 삼는 우리나라 전통 민속신앙의 하나다. 그런데 사람마다 각자의 사주란 것이 존재할 터인데 모두 다 같은 날 같은 방향으로 이사한다는 사실이 이상하지 아니한가?

 "이사 방향이나 날짜를 잡아달라고 문의가 많이 오거든. 그런데 이사는 날짜도 중요하겠지만 진짜 중요한 것은 방향이야. 재물 방향으로 가야 하는 거지. 건강, 공부 이런 거 아니고 무조건 재물에 맞추는 거야. 학업 성취나 건강 기원에도 각자의 방향이 있지만, 이사는 재물이 잘 풀리는 방향으로 잡는 거지. 그런데 보통의 술사들은 이렇게 잡지 않아. 삼살방(세살(歲煞), 겁살(劫煞), 재살(災煞)이 낀 불길한 방위), 대장군방으로 피해야 할 방향을 알려주는데 그럼 그때 이사 간 사람은 다 잘살까? 아니란 거지."

"그럼 선생님은 안 좋은 방향을 피하면서 재물 방향으로 보시는 건가요?"

"아냐, 그냥 무조건 재물 방향이야."

"혹시 재물 방향만 맞추다 삼살방, 대장군방처럼 안 좋은 방향으로 갈 수도 있잖아요."

"그럼, 그해 대한민국 사람들은 모두 삼살방, 대장군방 방향으로는 못 가? 뱀·닭·소의 해에는 정동 쪽으로 가지 말라고 하는 식인데 그럼 그해에는 모두 그 방향으로 가지 말라는 거야. 그런데도 어떤 사람은 잘 살고, 어떤 사람은 못 살고 이건 어떻게 설명할 거니. 그리고 그 방향이란 게 해마다 바뀔 텐데 이사를 오랫동안 안 가면 이사 간 자리가 피해야 할 방향이 될 것이고. 그러니 이게 의미가 없는 얘기지. 그래서 이사는 재물 방향인 거야."

"결혼 날짜 잡을 때 십악대패일처럼 절대 결혼하면 안 되는 날을 피하는 것처럼 이사도 피해야 하는 방향이나 날짜가 있지 않을까요?"

"굳이 따지자면 상충살이란 게 있어. 상충 방향이라고 해

괜히 애쓰고 살았다

서 각자의 사주 상 안 맞는 방향이 있으니 이 방향을 피하는 것이 삼살방, 대장군방 얘기보다는 맞는 거지. 그나마 사주를 좀 보는 술사들은 때에 맞춰서 상충살 방향을 피해 보긴 해."

"확실히 제대로 사주를 이해한다면 이게 맞을 거 같아요. 각자의 사주팔자란 것이 존재하는데 모두 다 같은 방향으로 이사를 하지 못하는 것은 말이 안 되는 것 같아요."

"하지만 이사 방향이란 게 가면 안 되는 방향이 있는 게 아니고 나에게 유리한 방향을 찾는 거야. 예를 들어 아들은 수험생, 딸은 취업 준비생, 아빠는 법인 대표, 엄마는 좀 아프다고 가정할 때 이 네 식구는 도대체 어느 방향으로 이사해야 할까? 학업 성취 방향으로 가면 재물은 포기해야 하고, 재물을 취하면 건강을 포기해야 하고⋯⋯. 그리고 만약 때에 맞는 방향으로 잡는다고 했을 때도 식구들 때가 모두 같으면 상관없지만 그런 경우가 흔하지 않잖아. 그럼 또 어디로 가야 할까?"

"그러게요. 하나를 취하면 다른 하나를 포기해야 하는 상황이네요."

"그래서 이사 방향은 재물 방향으로 가는 거야. 그 집에서 재물을 가장 많이 버는 사람, 왕성한 사람에게 맞추는 거야. 부부일 경우 남편이 더 벌면 남자 방향, 여자가 더 벌면 여자 방향에 맞추는 거지. 여자가 사주 구조적으로 불리해도 이사는 돈 버는 사람으로 맞춰 가는 거야. 잘 생각해 봐. 재물이 왕성하면 나머진 부수적으로 해결되는 경우가 많아. 특히 아이 공부는 이사 방향보다 이사한 집에서 아이 책상, 잠자리 방향을 봐주면 되고. 막말로 재운이 받쳐주면 아들은 개인과외 시켜주고, 딸 취업 안 되면 하고 싶은 거 창업하게 도와주고, 아내 건강은 최고의 의료진 붙이고 간호해줄 요양사까지 붙여주면 되는 거야. 안 그래?"

"듣고 보니 그렇네요. 왜 자꾸 재물 방향, 재물 방향 하시는지 알겠어요."

"솔직히 사주에서 모든 것은 재물에 맞춰진 거라고 보면 돼. 재성(財星)이 남자에게는 돈, 여자, 목숨인데 이 글자가 없어지는 해에 부도 맞고 이혼하고 자살하고 최악의 트리플 크라운을 달성하는 거지. 재성이라는 게 수명인데 건강하고 수명은 달라. 수명은 목숨이 달린 문제고, 건강은 암에 걸렸어도 살 수 있는 것을 말하는 거야. 그 재성이란 것이 파괴력이 굉장히 세게 들어오면 트리플 크라운을 달성하는

괜히 애쓰고 살았다

거고, 어느 정도 선까지 나타나면 부도나고 이혼하고 죽지는 않고, 좀 더 약하게 일어나면 부도만 맞고 이혼은 안 당하는 거야. 일단 부도 맞는 건 확실한 거지. 그런데 그해에 아내가 바람나 집 나가면 액땜이 돼서 부도 안 난다."

"진짜요? 이거 정말 가끔은 말이 안 되는 것 같아요. 바람나서 집 나간 게 액땜이라니…… 그래서 안 망한다는 말요."

"사주라는 게 되게 웃긴 거야. 말도 안 되는 소리 같고. 그런데 그게 대체물상(代替物像)이라고 하는 거야. 장차 나타날 현상을 미리 다른 방편으로 대체하는 것, 액땜인 거지. 그래서 그해에 마누라에게 집 나가라 그래. 바람나서…… 그럼 진짜 액땜이야. 그런데 그해 부도도 안 나고 이혼도 안 했어. 그러면 하나를 더 보는 거지. 아버지가 돌아가셨는지를."

"아니, 아내는 재성이라 하셨는데 갑자기 아버지가 왜 거기서 나와요?"

"재성이 남자에게는 아내와 아버지를 의미하고, 여자에게는 시어머니와 친정아버지를 의미하기도 하거든. 그래서 상담하러 온 손님에게 현재 주변에서 일어나는 일에 대해 이

것저것 확인을 해볼 수밖에 없는 거야. 부도가 날 것 같은 사람에게 아내와의 관계는 어떤지, 아버지는 무탈하신지 등등. 아내와의 관계가 안 좋거나 아버지가 돌아가셨다면 부도가 안 날 수도 있으니까. 그래서 묻는 건데 이렇게 물어보면 '그런 거 알아서 맞혀야 하는 거 아니에요?' 하고 따지는 거야. 이러면 정말 돌아버리는 거지. 이게 무슨 신점도 아니고. 그렇게 잘 보는 곳이 있으면 거기로 가지 왜 여기로 왔냐는 거야. 결국 그 족집게도 못 맞혀서 여기까지 온 것인데 또 그런 식으로 따져 물으니 할 말을 잃는 거지."

"결국 내방자가 정확한 답변을 해줘야 좀 더 정확하게 접근할 수 있다는 말씀이시네요."

"그렇지. 영업맨과 강사가 일반적 개념으로는 다른 직업 같지만 사주적으로는 같은 직업이란 얘기를 했잖아. 달리 말해 재성이란 글자도 해마다 달마다 여러 가지 다른 현상으로 나타나거든. 그걸 찾기 위해 묻는 거야, 첫 만남에서는. 갓난아기가 왜 우니? 배고파도 울고, 쉬해도 울고, 졸려도 울어. 처음에는 엄마도 엄마가 처음이라 아이가 왜 우는지 몰라. 그런데 키우다 보면 우는 이유를 정확히 알지. 점쟁이도 마찬가지야. 처음 온 사람의 사정을 알 길이 없으니 그 이유를 물어. 그런데 자주 온 사람은 그 사람의 사정을 아니 재성이란 글자가 사라지거나 나타났을 때 어떤 이유로 나타났는지를 아는 거지."

"아, 그럼 처음 방문한 손님은 재성이란 글자가 나타났을 때 재물이 들어오는지 다른 여자가 들어오는지 알 수 없지만, 다음에 왔을 때는 적어도 그 사람의 사정을 아니 이번에 들어오는 글자가 뭔지를 알 수 있다는 말씀이신 거죠?"

"그렇지. 재성이란 글자는 하나인데 네 가지 이상의 현상으로 나타나니 이때는 어떤 거로 왔는지를 추적해 알아내는 거지. 그런데 처음 온 손님의 사주를 보고 '뒤에 여자가 보이는데, 올해 돈 많이 벌어, 아버지 돌아가시겠어' 하는 점쟁이가 있다면 그건 실력이 없어. 그냥 찍은 것이거나 신점 보는 사람이겠지. 장군님이, 할아버지가, 아기동자님이 말해준다는데 무슨 소리는 못 하겠어? 그걸 원하면 그냥 그런 사람한테 가서 보면 되는 거야. 난 사주명리학을 한 사람이라 그렇게는 못 한다는 말이지."

"이사는 재물 방향이란 얘기를 하다 보니 여기까지 이야기가 흘렀는데요. 혹시 이사 간 후 사고 나고 건강에 문제 생기고 하는 건 뭘까요?"

"이사 가서 사고가 나고 병이 생긴 것은 이사 때문이 아니고, 원래 사주에 사고 나고 건강에 문제 생길 시기가 돼서 그런 일이 발생한 거야. 이사 가서 이런 일 생겼다는 말은 억지인 거지. 사고와 이사, 건강과 이사도 별개인데 이게 마치 이사 때문에 문제가 생긴 듯 말하는 곳이 있어. 그런데 이게 다 말도 안 되는 소리란 거지. 이사 택일 잡을 때 삼살방, 대장군방 피하고 좀 더 공부했다는 점쟁이들은 상충살까지 피했다고 하면서 이 방향으로 이사하면 공부도 잘되고, 건강하고, 무탈하고, 사업도 잘된다는 식으로 얘기를 하는데. 잘 생각해 봐. 다 좋다고 하면 그중 하나는 맞지 않겠어?"

"그러게요. 세상 좋다는 얘기 다 해주면 뭐라도 하나는 맞을 테니까요."

"이거야말로 무책임한 발언이야. 이사는 단지 재물 방향인 거고, 나머지 건강, 학업, 취업, 사고 등은 각자의 사주팔자대로 풀어줘야 하는 거지. 이게 맞는 거야. 그래서 나는 이사 후 다칠 것이니 그렇게 알고 있으라고 미리 말해줘. 이건 이사 방향의 문제가 아니고 사주에 사고가 있을 것이라고 알려주는 것이지. 이해돼?"

괜히 애쓰고 살았다

"네, 이해했어요."

이사는 재물 방향이란 말을 다시금 곱씹어 본다. 인생을 살면서 돈이 다가 아니란 말을 많이들 한다. 하지만 돈이 없어 생기는 문제를 생각해 본다면 그런 얘기도 쉽게 해서는 안 된다. 사람 또는 감정 문제야 돈으로 해결할 수 없겠지만 나머지 문제에서는 돈으로 해결 못 할 일도 없지 않은가. 사주 구조적으로 재성이 강한 사람은 이혼도 잘 안 된다는 것만 보더라도 그만큼 돈의 힘은 강한 것이다. 사람이 갈라지는 그 감정의 문제까지도 봉합해버리니 말이다. 때문에 돈의 힘을 부정적으로만 바라볼 일이 아니다. 어떻게 운용해서 내 삶을 더 윤택하게 만들지 고민해야 하는 것이다. 확실히 사주명리학은 그 길을 제시해준다. 매력적이다.

액땜은 우산,
부적은 백신?

사주팔자를 보는 이유는 여러 가지다. 현재 닥친 위기를 극복하기 위해서일 수도 있고 미래에 올 문제를 대비하기 위해서이기도 하다. 이 때문에 사주팔자 이야기를 하면서 과거를 많이 언급하는 것처럼 어리석은 것은 없다. 지난 과거를 붙잡아서 어디에 쓸까? 과거는 후회해도, 반성해도 이미 지나간 것이다. 과거를 붙잡고 있으면 한 걸음도 전진할 수 없음을 인지하고 현재와 미래에 집중해야 한다. 결국 현재는 과거의 나인 것이고 미래 또한 현재의 나를 반영하게 될 것이기 때문이다.

"지후야, 상담받으러 온 사람 중에 제일 한심해 보이는 사람이 누군지 아니? 주야장천 옛날 얘기만 하는 사람이야. 그리고 자신의 지나온 과거를 한번 맞혀 보란 식이지. 그게 왜 궁금할까 싶어. 하긴 점쟁이 실력을 가늠하려면 과거를 묻는 것이 맞긴 할 테지만, 무슨 의미가 있을까 싶기도 하고. 오히려 지금 바로 이 순간의 문제, 그리고 다가올 미래

괜히 애쓰고 살았다

가 궁금해야 맞는 것이거든."

"하도 대충 보고 제대로 보지 못한 점쟁이들이 많아 그런 것 아닐까 싶기도 해요. 선생님이 이해하세요."

"그런데 웃긴 게 있어. 그게 뭐냐면 과거에 집착하는 사람 일수록 어렵다는 거야. 반면 현재, 미래에 관심이 있는 사람 일수록 부자가 많고. 이건 뭐 과학이다 싶을 정도라니까."

"말씀을 듣고 보니 그럴 것도 같아요. 현재가 안 좋은 사람은 과거의 부귀영화만 되뇔 것이고, 현재 잘나가는 사람은 이게 얼마나 오래 유지될지 궁금할 테니까요."

"맞아. 그래서 내 손님 중 하나가 사주팔자를 일기예보에 비교하더라. 꿉꿉한 이불 좀 뽀송뽀송하게 만들어 볼 생각에 하늘을 봤는데 해가 쨍쨍한 거지. 그래서 이불 빨래를 하고 기분 좋게 널려는데 흐려지면서 비가 오는 거야. 이거 어떤 심정이겠어? 괜히 힘만 들고 빨래를 내부에 널어야 하니 번거로운 일만 잔뜩 생긴 거지. 일기예보라도 봤더라면 최소한 빨래는 안 했을 거 아냐. 설령 비가 안 와서 기상청을 욕했을지언정 번거로운 일은 덜 했을 것이고. 애쓴 보람이 없고 힘만 빠진 꼴이잖아. 사주명리학이란 게 결국 애쓸

일을 덜 만들어 주는 학문인 거지."

"선생님께서 사주팔자를 커닝 페이퍼에 비유하셨는데 이 손님이 말한 일기예보도 거의 같은 개념이네요."

"그렇지. 그리고 둘의 공통점은 과거가 아닌 현재 그리고 곧 다가올 미래를 예측하는 거야. 일기예보란 말을 쪼개보면 일기(日氣, 날씨)란 하늘의 영역이고, 예보(豫報, 앞으로 일어날 일을 미리 알림)는 인간의 영역이잖아. 그래서 사주명리학은 하늘이 내려준 운세가 앞으로 어떻게 전개될지를 읽어내는 것이라 보는 거지."

"오, 이거 표현 좋습니다. 하늘이 내려준 운세가 앞으로 어떻게 전개될지를 읽어내는 것이라……."

"예를 들어 일기예보에 오후부터 비가 온다고 했어. 그런데 오전인 지금은 해가 쨍쨍한 거야. 그럼 우리는 어떻게 하지? 일기예보를 믿고 우산을 챙겨 가는 사람이 있고, '이렇게 해가 쨍쨍한데 비가 오겠어?'라고 생각하며 우산을 챙기지 않는 사람도 있어. 아예 일기예보 따윈 보지 않고 되는 대로 사는 사람도 있고. 누가 옳은 거니? 우산을 챙긴 사람, 안 챙긴 사람. 아예 일기예보도 안 본 사람."

"우산을 챙긴 사람이 잘한 것 아닐까요?"

"비가 왔을 땐 잘한 일일 수도 있지만, 오지 않았을 땐 번거롭기만 한 거지. 나란 사람은 그대로인데 그냥 어느 땐 우산을 준비하고 어느 땐 우산을 챙기지 않아. 매번 챙기는 사람도 없고, 매번 안 챙기는 사람도 없지. 깜빡하기도 하고. 이런 상황에서 누가 맞고 안 맞고 따질 일이 아니란 거지. 사주팔자도 마찬가지야. 옳고 그름, 긍정과 부정, 선과 악이 따로 없어. 이걸 따지면 사주팔자를 절대 이해할 수 없게 돼.

왜냐하면 멀쩡하던 의사가 어느 날 간호사의 엉덩이를 갑자기 만질 수도 있고, 집에서 시체처럼 누워만 있던 우리 아들이 갑자기 일어나 일을 나가기도 하거든. 이건 당사자가 미치거나 뭔가 깨달음이 있어 그리된 것이 아니고 그냥 때가 돼서 그런 행동을 하는 거야. 이렇게 말하면 사주팔자란 것이 무슨 숙명론인 것처럼 비난하는 사람들이 있는데 이걸 제대로 이해하면 수용이라는 지혜를 얻게 되지."

"선생님 말씀 듣고 있으면 수용이란 말씀을 참 많이 하세요."

"맞아. 자꾸 수용하라고 하지. 사주팔자를 부정하면 되지도 않을 일에 애만 쓰거든. 수용은 포기와 달라. 있는 그대로를 받아들이는 거지. 마치 노력을 열심히 해 성공하고, 열정이 부족해 성공하지 못했다는 식의 이분법을 적용하지 말란 거야. 지후 너는 노력이 부족해서 그동안 성공을 못했니? 내가 너를 보면 오히려 이렇게 '쌔빠지게' 노력해도 안 되는 사람이 있구나 할 정돈데."

"저도 가끔 왜 이렇게 힘들까란 생각을 해요. 애써도, 애써도 제 자리인 느낌이었으니까요."

"노력은 기본이지만 단지 노력이 부족하거나 많은 것이 성패를 좌우하는 것이 아니란 거지. 평소 능력을 쌓는 일을 게을리 하지 않은 상태에서 운이 오면 크게 흥하고 운이 없으면 그냥 망할 뿐이야. 능력과 성공의 상관관계란 존재하지 않아."

"저도 처음엔 이 말이 이해되지 않았는데 이제는 정확히 무슨 말인지 이해했어요. 만약 능력만이 모든 성공의 비결이라면 그 이후론 절대 실패를 해선 안 될 것이니까요."

"그렇지. 진정 사주팔자를 이해했다면 잃을 것이라 했을 때는 덜 잃을 방법을 찾고, 얻을 것이라 했을 때는 더 얻을

　　　　괜히 애쓰고 살았다

방법을 찾아 수용하는 거지. 수용하면 겸손해지고 무리하지 않아. 운이 없다고 했는데 이건 내 노력이 부족해서 성과를 못 내는 것이라 생각하고 잠까지 줄이며 일에 매진해 건강까지 잃는 우를 범하지 않게 되는 거지. 오히려 수용할 줄 알게 되면 나중에 있을 강한 운에 대비해 실력을 쌓고 건강을 챙겨놓게 돼. 지금 현재란 삶에도 충실하지만 결코 올해만이 전부란 생각도 갖지 않아. 이게 사주명리학에서 말하는 수용의 지혜란 거지."

"네, 맞아요. 수용이란 지혜를 얻고 나니 정말 애쓸 때와 애쓰지 말아야 할 때가 있음을 알게 됐어요. 괜히 힘 뺄 일도 없고요. 이 점을 이해해서 정말 좋았어요."

"그럼 액땜은 무엇일까? 바로 우산 같은 거야. 비가 오는 것을 막을 수는 없지만, 비에 흠뻑 젖지 않게는 해줘. 하지만 비가 많이 올 때는 바지도 젖고 상의도 일부 젖을 때가 있잖아. 달리 말해 비를 맞지 않기 위한 차선의 방법이지 최상의 방법은 아니란 거야. 피할 수 있는 게 아니라 왔을 때 피해를 덜 입게 하는 거지."

"아, 피할 수 없지만 준비는 돼 있는 상태라고 보면 되겠네요."

"맞아. 예를 들어 각자 사주에 맞는 대체물상(代替物像)이란 것이 있다고 했잖아. 그게 액땜인 건데 큰 사고가 날 것을 대비해 미리 헌혈하게 해. 그것도 한 번이 아니라 될 수 있는 한 여러 번에 걸쳐 헌혈하게 하지. 왜냐하면 사고가 크게 나면 피를 많이 흘리게 될 텐데 미리 헌혈해서 피를 보게 만드는 거지. 그리고 암에 걸린 사람에게는 땅을 파고 돌로 만든 가마에 들어가게 하기도 해. 땅을 파는 것은 내 무덤을 파는 행위이고, 돌로 만든 가마에 들어간다는 것은 돌무덤에 들어가는 것을 의미하니까. 땅 파고 돌무덤에 들어가는 행위로 '나 죽었소!' 하며 하늘을 속이는 거지."

"솔직히 믿기지는 않아요."

"알아. 이게 좀 말 같지 않잖아. 항간에 액땜은 비과학적이며 미신이라 여겨지기도 하지만, 역사적으로 효과를 내지 못했던 비방(祕方)들이 자연스럽게 사라졌다는 점을 감안하면 액땜이나 부적을 단지 미신이라 치부할 일만은 아니란 거야. 맹신(盲信)도 금물(禁物)이지만 불신(不信)도 금물이야. 믿고 안 믿고를 떠나 해서 손해 볼 일은 아니란 거지. 실제 췌장암 말기인 내 손님 중에 병원에선 3개월도 못 산다고 했는데 2년이 넘은 지금도 건강하게 살고 있어."

괜히 애쓰고 살았다

"선생님께서 사람이 나고 죽는 건 정할 수 없다고 했는데 이게 가능한 일인가요?"

"사주에서 사고나 병이 들 때는 항상 경중(輕重)을 따져보는 거야. 치명적인지 아니면 가볍게 지나갈지를. 병리학적 경중과 사주학적 경중은 본질적으로 그 결이 달라. 병리학적으로는 죽어야 할 사람이 사주학적으로는 살 수도 있고, 병리학적으로 가벼운 병이 사주학적으로는 죽기도 하는 거야. 앞서 언급한 손님은 죽음이 경으로 들어왔기에 액땜을 해서 살릴 수 있었던 거지. 만약 중으로 들어왔다면 액땜이고 부적이고 아무 소용이 없어. 그냥 죽는 거지. 그래서 이런 걸 천운(天運)이라 하는 거야. 다시 한번 정리하자면 죽음에도 경중이 있다는 거지."

"그런데 이런 말을 하면 보통 어떤 반응인가요?"

"말도 안 된다며 딱 잘라 무시하는 사람도 있고 방법을 구체적으로 묻는 사람들도 있지. 그런데 솔직히 이런 건 믿을 게 안 된다고 하는 사람들 보면 안쓰러워. 죽고 사는 문제인데 미신이 어디 있고, 참이 어디 있어! 우선 살고 볼 일 아냐? 굿을 해야 산다느니, 살풀이해야 한다고 하는 것도 아닌데……. 안타깝지. 액땜을 비과학적 방법으로만 보지 말고 내가 몰랐던 또 하나의 방법이라 생각하면 좋잖아. 그래서 내가 사주명리학을 선과 악, 옳고 그름, 긍정과 부정으로만 보면 답이 없다고 한 거야. 수용을 못 하는 사람들이야말로 어리석기 그지없는 거지. 그런데 어쩌겠어. 이마저도 팔자인 것을."

"그럼 부적도 액땜과 같은 개념일까요?"

"비슷하다고 할 수 있지. 액땜이 행동으로 하늘에 보여주는 것이라면 부적은 하늘에 글로 고하는 증표 같은 것이지. 결국 둘 다 하늘에 대고 '나 여기 있소' 하는 거지."

"아, 그렇군요. 부적은 어떤 역할을 할까요?"

"코로나19 같은 신종 바이러스가 왜 무섭니? 약이 없잖아. 약만 있으면 아무것도 아니잖아. 부적이란 게 백신이고 약 같은 거야. 바이러스에 걸렸는데 백신 있다고 안 죽는 건 아니잖아. 백신 접종해도 죽는 사람이 있고, 안 맞아도 사는 사람이 있고. 그럼 백신이 어떤 역할을 한 걸까? 이게 걸려도 백신 접종하면 죽지 않을 것 같은 안도감을 주잖아. 부적도 마찬가지야. 부적을 가지고 있다 해서 죽을 사람이 안 죽고, 살 사람이 죽지 않아. 없어도 살 사람은 살고, 있

괜히 애쓰고 살았다

어도 죽을 사람은 죽는 거지."

"무슨 말씀인지 알 거 같아요."

"백신 있다고 안 죽는 것은 아닌데 100% 죽는 건 막을수 있잖아. 예를 들어 메르스 때 백신을 맞지 않고 산 사람이 있는데 코로나19 때는 백신을 맞지 않아 죽었어. 이런경우는 코로나가 더 독해서 죽은 게 아냐. 특정 바이러스엔강하지만 또 다른 바이러스에는 약하기 때문인 거지. 에이즈는 피했는데 독감으로 죽을 수도 있는 거고. 안 걸렸을때는 모르지만 걸렸을 때는 백신이고 뭐고 다 써봐야 하지않을까? 죽을 수도 있겠지만 살 수도 있기 때문에 백신을쓰는 거잖아. 부적도 마찬가지야. 효과가 있을 수도 있고없을 수도 있지만 그래도 사고나 죽음을 피할 수 있는 방법인데 안 쓸 이유가 없잖아. 생사가 달린 문제인데 되는 방법을 다 써 봐야지 가릴 필요 없다는 거지."

"어쩌면 운명이란 틀 안에서 리스크를 최소화할 수 있는모든 방법을 동원하는 게 사주명리학이란 생각이 드네요."

"맞아. 이해 잘했네."

류 선생님과의 대화를 통해 지후는 살면서 답답했던 무언가가 풀어지는 느낌을 받았다. 결국 사주명리학이란 '수용(受容)'이란 한 단어로 집약될 수 있겠다는 생각을 했다. 수용하면 나의 모든 행동이 이해된다. 못난 것도, 잘난 것도. 더불어 남도 이해가 된다. '내로남불' 하는 마음이 사라진다. 내가 이러는 것도 남이 저러는 것도 모두 사주팔자에서 정해진 운명대로 사는 것이기 때문이다. 그러니 누가 감히 그 운명을 두고 좋다 나쁘다를 논할 수 있겠는가. 수용하면 편해진다. 괜히 애쓰고 살았다는 소리가 절로 나온다. 아니, 애쓴 나에게 고마워진다.

괜히 애쓰고 살았다.
아니 참말로 애썼다.
나, 참 애썼다.

즉문즉답, 다섯

❓ 투자해도 될까요?

"투자마저도 운이 좋은 사람은 부동산, 채권, 달러, 주식, 금, 비트코인 할 것 없이 다 돈이 되는 거야. 사주에서는 부동산이 맞다, 주식이 맞다는 식으로 얘기하지만, 사실 그거보다 더 중요한 게 있어. 재성(財星)이란 글자가 돈인데, 비견(比肩)이란 글자랑 연결되는지 겁재(劫財)란 글자랑 연결되는지 인성(印星)이란 글자와 연결되는지가 더 중요해."

"그게 사주 원국에 정해져 있나요?"

"그럼, 정해져 있지. 재성이란 게 사주 원국에 기본적으로 탑재돼 있어야 부자가 되는 건데 10년 대운에 탁 맞으면 크게 터지는 경우가 있어. 이때 부자가 되는 거지. 하지만 원국에 재성이 없기에 특정 시기에 돈을 한 번 만지긴 하지만 그 후로는 돈을 못 벌게 되는 거야. 까먹게 되는 거지. 반면 원국에 재성이 찍혀 있는 사람은 꾸준히 돈을 벌어. 계속 부자야. 그러니 어떤 것에 투자를 해도 된다는 거지. 결국 돈을 벌게 돼 있으니까."

? 일확천금을 누리는 사주가 따로 있을까요?

"강휘상영(江暉相映)이라 해서 일확천금의 복덕을 누리는 사주가 있어. 사주 원국에 이 글자가 있으면 로또 같은 대박 운이 스탠바이 돼 있는 거야."

"이런 사람들은 한 번을 사든 열 번을 사든 운이 터질 시기가 되면 복권에 맞는다는 말씀이신 거예요?"

"이런 글자 있는 애들은 로또도 자주 사. 우리 같은 사람들은 복권을 사다 말잖아. 그런데 이런 사주 구조의 사람들은 자주 산다는 거지. 그러니 그만큼 맞을 확률도 높아지는 거고."

"예전에 로또에 당첨된 사람들의 10년 후를 추적하면 망한 사람들이 있었는데, 이런 경우는 일확천금까지는 맞는데 복덕이 없는 것 아닐까요?"

"이런 사람들은 단지 운이 들어왔다 꺾인 거지. 흥청망청 써서 망한 게 아니란 거야. 로또 당첨자가 일주일에 몇 명이니? 평균 열 명 내외야. 그 많은 사람 중에 한 명도 안 망하는 게 더 신기하지 않니. 그리고 로또 당첨돼서 망한 사람 얘기해야 재밌지, 안 그래도 배 아픈데 일 잘하면서 그 돈으로 여유롭게 즐긴다고 하면 얼마나 미칠 노릇이니. 뉴스는 항상 반대로 나와야 주목받잖아. 몇 퍼센트 안 되는 것을 마치 전체인 것처럼 호도하는 것도 문제라는 거지.

그런데 이런 사주는 로또만 의미하는 것이 아냐. 내 손님 중에 재작년에 코로나 관련 제약회사 지분을 좀 사놓은 사람이 있어. 부모 잘 만나 돈은 좀 있고 거의 한량이나 다름없지. 할 거 없어 그냥 좀 사둔 건데 알다시피 지금 코로나로 대박이 터진 거지. 이 사람이 강휘상영이란 글자가 떡 하니 있는 사람이야. 이러니 강휘상영을 일확천금을 누리는 복덕이라 하는 거야. 로또가 아니라도……."

괜히 애쓰고 살았다

? 남자가 운이 좋아질 때 간단하게 알아보는 방법

"남자가 일이 잘될 때는 주변에 좋은 사람은 물론 여자가 많아지기 시작해. 그것도 나를 물심양면(物心兩面)으로 도와는 사람들이 생기는 거지. '파이팅, 잘될 거예요' 하는 그런 말들 말고, 물질적으로 후원을 해주는 거야. 물질적으로 후원을 하는 사람은 잘되게 해달라고 비는 마음까지 더해지지. 물심양면이란 이런 거야. 물만 있어도 심만 있어도 이건 운이 아직 덜 온 것이지. 물심양면으로 돕는 사람이 많다는 건 곧 그 사람의 운이 강해졌다는 것을 의미해.

그리고 특이한 현상 중 하나가 여자도 노소(老少) 상관없이 많아진다는 거야. 게다가 재력 있고, 예쁘고, 능력까지 있다. 그런 사람들이 도우니 운에 재물까지 더해져 승승장구하는 거야. 반대로 운이 빠질 때는 내가 도와야 할 사람들만 많아지는 거야. 내 운이 나뉘고 나뉘니 어떻게 되겠어. 운이 없어지겠지. 한마디로 운이 좋냐 안 좋냐는 나를 돕는 사람이 많으냐 내가 돕는 사람이 많으냐로 구분 지을 수 있어.

그럼 여자가 운이 좋아질 때는 어떻겠어? 남자가 운이 왔을 때랑 동일한데 특이한 것은 나에게 오는 남자들이 잘나가다가도 망한다는 거야. 여자가 본인 운을 이용해 후원받은 돈으로 그냥 사업을 하면 잘되는데 남자의 물질적 도움을 받으면서 동거를 시작하면 그 재물 대주던 남자가 망해버린다는 거야. 이래서 여자가 사주 구조적으로 불리하다는 거야.

요약하자면 남녀 불문하고 운이 들어오면 물심양면으로 돕는 사람들이 주변에 많아진다. 그런데 남자는 사업자금 대주고 동거까지 해주는 여자가 생기면서 운이 더욱 상승하는데, 여자는 사업자금 받는 것까지는 상관없는데 동거하는 순간 돈 대주던 남자가 망하면서 운이 꺾이기 시작한다는 거야."

？ 약하고 억울한 사람이 자살하나요?

"우울증이 와서 죽는 거는 사주가 약한 거야. 귀문은 뜻밖의 행동을 해서 죽는 거고. 분해서 '나는 내 억울함을 죽음으로 보여주겠다' 하면서 죽는 사람이 있어. 아주 다혈질이고 굉장히 강한 사주야. 죽음으로써 내 억울함을 알리겠다는 거니까. 한마디로 자살이란 결과는 같지만 약해도 강해도 할 수 있다는 거지.

보통은 죽겠다 싶을 정도로 때리고 괴롭히면 그만두는데 안 그만두는 사람이 있어. 내가 그만둘 수 있는데도 버티는 거지. 때리는 사람, 맞는 사람 둘 다 독한 거지. 독종인 거야. 그렇게 구박하고 괴롭혀도 안 그만두면 맞는 사람도 독한 거야. 내 목숨을 끊어서라도 너를 작살내리라 하는 것이니까. 그런데 잘 봐봐. 독한 사람은 사주 구조적으로 돈이 없어. 독하기만 한 거야. 그래서 그렇게 사는 거야.

남은 게 오기(傲氣)밖에 없어. 오기와 사주 강한 것은 구분해야 해. 오기가 있으면 인생은 실패해. '오기로 한다, 오기로 한다' 하면 계속 실패해. 잘 참아내는 것과는 결이 완전히 달라. 오기는 말 그대로 능력이 부족하면서도 남에게 지기 싫어하는 거야. 사주가 강해서 잘 참아낸다는 것은 쓸데없는 것에는 힘을 쓰지 않고 져주는 거야. 꼭 이겨야 할 것에만 물러섬이 없고 끝까지 쟁취하는 거지. 이게 사주가 강한 것이고 그냥 무조건 버티기만 하는 것은 오기야. 가난을 달고 살아."

괜히 애쓰고 살았다

사주를 '일도 모르는' 내가 사주 이야기를 쓴다고 했을 때 주변에서는 어이없다는 반응이 대부분이었다. '사주 공부했어? 뭐 알고 쓰는 거야? 아무나 하는 게 아냐' 등등. 나도 그 사실을 모르는 것은 아니다. 사주를 공부한 것도 아니고 그렇다고 평소 관심이 있어 관련 책을 즐겨 보던 사람도 아니기 때문이다. 하지만 '왜 내 인생은 이 모양인가? 왜 남들처럼 애써도 안 되는가? 이게 과연 나만의 고민일까?' 하는, 어쩌면 누구나가 하는 고민일지도 모른다는 생각에서 이 글을 쓰기 시작한 것이다.

류보곤 선생님과의 인연은 2019년 1월 24일 지인의 소개를 받고 찾아뵈었다가 시작됐다. 내 원래의 업인 인테리어와 아트딜러 그리고 새롭게 하려는 투자에 관해 상담하러 갔다가 인연이 된 것이다. 아직도 류 선생님과의 첫 만남을 잊을 수 없는 이유는 내 사주를 보고 쪽박 아니면 대박인데 잘 모르겠다고 한 점 때문이다. 공부 좀 다시 하고 알려줄 테니 3월 16일에 다시 찾아오란다. 이때 일기장에 그때의 감정을 적어 놓은 게 있다. '이분은 정말 실력이 있는 사람일지도 모른다.' 왜냐하면 전문가라고 한 사람이 과연 모른다는 말을 저렇게 당당하게 할 수 있나를 생각했을 때 그건 아무나 할 수 있는 행동이 아니기 때문이다. 보통은 몰라도 창피당하는 게 싫어 아무 말이나 내뱉기 때문이다.

3월 16일 찾아오라고 했지만 이틀 앞서 연락을 했다. 쪽박인지 대박인지 너무 궁금했기 때문이다. 이제 찾아봬도 되냐 하니 오라 하신다. 그리고 나에게 했던 말이 공망왕기(空亡旺氣)였다. "사주 원국은 공망이다. 될 듯 말 듯, 될 듯 말 듯, 될 것 같기에 끊임없이 달리지만 결국엔 아무런 결과도 내지 못하는……." 시지프스 신화 얘기를 해주셨다. 충격이었다. 결국 나는 '애만 쓰다 죽겠구나'란 생각이 들었다.

풀이 죽어 있는 내 모습을 보고 한마디를 덧붙였다. "그런데 대운에 왕기가 들었어." 이거야말로 내 인생에 마지막 홈런을 칠 수 있는 기회란 얘기를 해주었다. 그럼 처음 만난 1월에는 공망왕기인지 몰랐냐고 여쭈니 알고 있었다는 것이다. 그래서 왜 그때 바로 말씀해주지 않으셨냐고 물어보니, 내 손님 중에는 공망왕기라고 해도 잘된 사례가 없어서 다시 한번 들여다보려고 그랬다는 것이다. 그냥 스쳐 가는 손님일 수도 있는데 정확한 운을 체크하기 위해 공부까지 하는 모습이 참 남달라 보였다.

프롤로그에 나온 사장님의 운세를 정확히 짚어냈고 내가 작년 투자로 헛다리 짚을 것이란 것도 맞혔다. "너는 내가 하지 말라고 해도 하게 돼 있어. 앞에선 끄덕이고 그렇게 하겠다고 말하지만 결국 넌 투자로 돈을 날리게 돼. 왜냐하면 돈을 날릴 운이고 이건 막을 수 없으니까." 난 그러지 않을 것이라 다짐했지만 그렇게 하고 말았다. 사주팔자란 이런 것이다. 내 의지, 다짐과는 별개로 운의 흐름은 막을 수 없다. 그게 좋은 것이든 나쁜 것이든……

그리고 류 선생님이 얘기한 2020년 2월부터 본격적으로 왕기가 발하기 시작했다. 정말 이게 내 인생인가 싶은 일들이 펼쳐지고 있다. 작년의 나나 올해의 내가 다를 것이 없는데 내 수익은 서프라이즈 하다고 할 만큼 늘어났고 주변의 인정까지 받고 있다. 정말 이 점이 신기하다. 류 선생님이 누차 강조하셨던 능력은 밥만 먹고 살게 해주고 운이 들면 대박이 난다는 것이 바로 이런 것이다.

평생 애만 쓰다 갈 것 같았던 나였기에 운이란 무엇인지에 관해 블로그에 글을 쓰기 시작했다. 〈류보곤의 사주이야기〉란 블로그를 개설하고 선생님과 나눴던 대화를 올렸다.

마치 류 선생님이 쓰신 것처럼 말이다. 결국 내용에 대한 감수는 류 선생님이 하셨기에 선생님의 글이 맞다. 그리고 누가 봐도 이해가 될 수 있도록 쉽게 쓰려고 노력했다. 그래서인지 다양한 분들이 찾아오기 시작했다. 블로그 방문자 수는 적은데 한 사람이 들어와 읽는 포스팅의 수는 5페이지 이상이고 게시글 평균 사용 시간은 3분 20초가 넘는다. 이건 그만큼 같은 고민을 하는 사람이 많다는 것을 방증(傍證)하는 것이다.

블로그 글을 보고 상담 왔다고 하면서 '마음에 위로가 됐다, 다른 곳과는 결이 다르다'는 식으로 내방자들이 얘기해 줬다는 것이다. 이 때문이었는지 어느 날 류 선생님이 "어쩌면 네가 나보다 사주 이야기를 더 잘 풀어낼 수도 있겠다"라고 하시면서 책을 한번 써보라고 했다. 처음엔 거절했지만, "그냥 네가 답답했던 부분 풀어 놓는다는 마음으로 써보라"라고 해서 시작한 것이다. 쓰다 안 되면 나중에 블로그에 올리자는 가벼운 마음으로……

그래서 거창한 것도 없다. 그리고 선생님이 해주신 이야기를 모두 담지도 못해 부족한 부분이 많다. 선생님이 가진 지식과 지혜를 그대로 담아내지도 못했을 것이다. 하지만 자주 묻는 질문 중에서 중요하다고 생각했던 것을 우선 담아내려 했고 가볍게 읽을 수 있도록 대화체로 구성했다. 하지만 내용은 결코 가볍지 않다. 저자들은 항상 본인의 책을 몇 번씩 읽어보라 한다. 다른 사람의 책을 볼 때 그런 부분을 보면 코웃음을 쳤는데 왜 그런지 이해가 된다. 대충 읽으면 뻔한 이야기지만 읽고 또 읽다 보면 다른 술사들이 하는 말과 결이 많이 다르다는 것을 알게 될 것이다. 이 점은 블로그를 보고 온 사람들도 많이 했던 말이다.

누가 감히 궁합을 깨진다 말하고 출산 택일은 때늦은 방법이라 말하는가? 다 좋다 안 하고 하나만 좋아도 만족하라 하는가? 이 글은 상대를 바꾸려 하지 말고 수용하라고 한다. 그게 사주명리학을 이해할 수 있는 열쇠라고 주장한다. 이 책이 귀한 대접을 받기까지 바라지는 않는다. 하지만 그렇게 애쓰고 살았으면서도 왜 나는 결과를 만들어내지 못했을까를 두고 고민했을 당신에게 위로가 되었으면 하는 바람이다.

그리고 이 책을 든 당신은 이미 운이 들어온 사람이다. 왜냐하면 운이 없는 사람은 아무런 행동도 하지 않기에⋯⋯.

운이 들어온 당신에게 나의 왕기를 나누어 드린다.

저자 **신지후**

신지후는 공망(空亡)이다. 공망 한자를 보면 비고, 없고, 헛되고, 쓸데없고, 공허하고, 망하고, 도망하고, 잃고, 없어지고, 죽고의 의미를 지니고 있다. 어떤 의미로 해석하든 긍정보단 부정에 가까운 단어임을 알 수 있다. 이 책을 감수한 류보곤 선생은 공망을 시지프스 신화에 비교하곤 하는데 저승에서 시지프스가 받은 형벌이 딱 공망 같기 때문이다. 그 벌이란 게 무거운 바위를 산 위로 밀어 올리는 것인데, 힘겹게 정상까지 밀어 올리면 바위는 다시 산 아래로 굴러떨어지고 다시 올리면 떨어지고 반복되는 고역을 영원히 되풀이하는 것이다. 산꼭대기에 돌을 올려놓고 이제 됐다 싶었는데 다시 굴러떨어지는 돌을 보며 시지프스는 무슨 생각을 했을까? 거의 다 됐다고 생각했을 때 허무하게 없어지는 것, 이게 바로 공망이다. 하지만 시지프스는 코린토스의 왕이었다. 저자 신지후도 공망이지만 대운에 왕기(旺氣)를 띠기 시작했다. 지금 이 책을 쓰고 있는 바로 이 시점이다. 이 때문에 저자 신지후는 본인 성씨인 신(辛)과 시지프스의 지프를 한자어인 지후(至侯)로 따 만든 이름을 이 책에서 사용하기로 했다. 辛至侯, 고난을 지나 왕에 이르다. 공망왕기를 더없이 잘 표현해낸 이름이기 때문이다.

감수 **류보곤**

약력은 괴테의 명언으로 대체한다.
이보다 사주명리학을 잘 나타낸 말이 없기에.

If God had wanted me otherwise, He would have created me otherwise.
(만약 신이 다른 나를 원했다면 신은 나를 다르게 창조했을 것이다.)